PARA:

....

DE:

....

FECHA:

....

52 PALABRAS BÍBLICAS QUE TODO NIÑO DEBE CONOCER

CARRIE MARRS

ILUSTRADO POR STEVEN WOOD

PATMOS

52 palabras bíblicas que todo niño debe conocer

Publicado por Editorial Patmos, Miami, FL. 33169

Publicado originalmente en inglés por Tommy Nelson, PO Box 141000, Nashville, TN 37214 con el título *52 Bible Words Every Kid Should Know* © 2021 Carrie Marrs.

Ilustrado por Steven Wood.
Traducido por Vanessa Valle.
Revisado por Abigail Bogarín.

ISBN: 978-1-64691-151-6

Categoría: Vida Cristiana/Niños

Impreso en India | *Printed in India*

"Toda la Escritura es inspirada por Dios y es útil para enseñarnos lo que es verdad y para hacernos ver lo que está mal en nuestra vida. Nos corrige cuando estamos equivocados y nos enseña a hacer lo correcto. Dios la usa para preparar y capacitar a su pueblo para que haga toda buena obra."

—2 TIMOTEO 3:16-17 NTV

CONTENIDO

CARTA A LOS PADRES

Estimados padres:

¿No les encantan esos momentos en que los ojos de sus hijos se iluminan y de pronto nos dicen: «¡Oh, ahora lo entiendo!»?

¿Qué sorprendente es que podamos ver cómo se desarrollan sus cerebros: todas las neuronas encendidas, las ideas que hacen clic y se conectan, los conceptos que caen en su sitio? Y como padres que aman a Dios, ¿qué es más significativo que ver a nuestros hijos captar más y más Su verdad y poder?

Este libro fue creado para ayudar a sus hijos a hacer exactamente eso. Es un devocional que incluso puede servir como una descripción general introductoria de la fe cristiana.

No me enorgullece admitir que, aunque crecí en la iglesia, muchos de los temas de este libro no fueron claros para mi *durante años*. Después de pasar incontables horas en la escuela dominical, palabras como *pacto*, *justicia* y *redención* todavía daban vueltas en mi cabeza. *¿Reconciliación? ¿Santificación?* Ni siquiera podía pronunciar esas palabras. En otros casos podía reconocer palabras como *gracia*, *adoración*, *voluntad* y *gloria*, pero no estaba segura de dónde encontrarlas en la Biblia o qué significaban para mi vida.

En otras palabras, desearía haber tenido un recurso como este cuando estaba creciendo. ¡Me habría proporcionado mucha claridad!

Ese deseo adquirió una nueva urgencia cuando miré a mi propia hija de seis años, quien es curiosa e inquieta. Yo deseaba crear un libro que captara su atención y despertara su interés, por lo que ella se convirtió en una parte vital del proceso de escritura de este libro. Le leí las anotaciones en voz alta y, si ella no estaba siguiendo la idea, era hora de re-escribir. Si mi niña reía tontamente o respondía preguntas con entusiasmo, sabía que estábamos en el camino correcto.

Más que nada, quería proporcionar un recurso que sentara las bases para que mi hija tuviera la aventura de por vida de conocer y amar a Dios. Oro para que este libro haga lo mismo por sus pequeños.

En cada anotación de este devocional, verá una palabra importante de la Biblia, una definición simple y un comentario de esa palabra usando términos y ejemplos para niños. Luego verá dónde puede encontrar este concepto en la Biblia y una actividad práctica relacionada.

Este libro ayudará a sus hijos a aprender información, como cuántos libros hay en la Biblia o quién escribió casi la mitad de los Salmos, pero hará mucho más que eso. Les ayudará a comenzar a ver cómo estas verdades teológicas encajan en la gran historia de redención de Dios y su relación con nosotros. Aprender estas palabras importantes de las Escrituras se convertirá en la entrada a una visión más amplia de cuán grande es el corazón de Dios para su pueblo.

Que este libro abra las mentes de sus hijos a las maravillas de Su historia y abra sus corazones a la grandeza de Su amor. Que los lleve a las Escrituras y los ayude a sentirse más cerca de Aquel que constantemente se acerca a ellos y derrama Su amor sobre sus vidas todos los días.

Carrie Marrs

1

CREACIÓN

Sustantivo (cre-a-ción)

El acto de Dios de hacer algo nuevo.

Cuando llevas a casa algo que hiciste en la escuela, como un cuadro que pintaste, te sientes orgulloso cuando se lo das a tu mamá. Es especial porque lo hiciste tú. Incluso muestra algo sobre ti: los colores que te gustan, lo bueno que eres pintando o lo que puedes imaginar. Tu mamá puede decir: «¡Vaya, has hecho un gran trabajo! Me gusta cómo le pintaste a los elefantes lunares morados» o «Me gusta el sol con la carita sonriente».

Cuando miramos a las personas y al mundo que nos rodea (arena y montañas, animales y plantas, la luz del sol y la lluvia) vemos lo que Dios creó. Y podemos ver cómo es Dios cuando miramos lo que hizo. Sentimos Su poder en los truenos y las grandes olas del océano, y vemos Su belleza en las flores brillantes y los

ENCUÉNTRALO

EN LA BIBLIA

GÉNESIS 1

La historia del mundo comenzó cuando Dios decidió crearlo. Todo lo que tenía que hacer era decir: "Hágase la luz", y hubo luz. ¡Y Él creó todo de la nada! Él hizo la tierra y los mares, el sol y la luna, las plantas y los animales, y los llamó buenos. Luego hizo a las personas y las llamó muy buenas. Dios creó todo en seis días y el séptimo día descansó.

bonitos atardeceres. Podemos decir que Él es bueno cuando nos da comida sabrosa de la tierra. Sentimos Su amor y alegría cuando abrazamos a nuestro papá o nos reímos con un amigo.

Las señales del conocimiento, el amor y la vida de Dios están en todas partes, y todas nos dan razones para adorarlo y confiar en Él. ¡También nos dan motivos para ser felices!

Mira cuántas cosas puedes notar hoy que muestran el poder creativo de Dios. Luego dile a Dios lo que amas de lo que ha hecho.

Dios, te alabo por crear este mundo entero. ¡Eres fabuloso!
Hoy, mi cosa favorita que hiciste es: ________ .

Manos a la obra

Crea algo original y personal usando cualquier material que puedas encontrar: papel, pegamento, tijeras, marcadores, un rollo de papel toalla o lana. Haz la forma de una persona o un animal. ¡Esta es tu creación! Ahora aléjate de todos los suministros y haz algo más de la nada. Espera, no puedes hacer eso, ¿verdad? ¡Solo Dios puede crear algo de la nada!

2

BIBLIA

Sustantivo (Bi-blia)

La historia y el mensaje escrito de Dios para nosotros.

«¡Tú nos vas a dirigir en el camino!» dice tu papá mientras entras al zoológico. «¡Okey!» respondes, aunque nunca has estado allí antes. ¿Qué necesitarás para ayudarte? ¿Un mapa? ¿Quizás algunos carteles con flechas? ¡Sería mucho más difícil encontrar el camino sin algo que te guíe!

La Biblia es como un mapa o una flecha: es nuestra guía para la vida. Es la Palabra de Dios, o Su mensaje, para nosotros. La Biblia nos dice la verdad sobre quién es Dios, por qué debemos amarlo y obedecerlo, y cómo podemos hacerlo.

La Palabra de Dios tiene sesenta y seis libros, o partes, llenas de historias, reglas, poemas y cartas. ¿Puedes adivinar cuántas personas la escribieron? Fueron más de uno o dos. ¡Fueron unas

ENCUÉNTRALO

EN LA BIBLIA

LUCAS 4:17–21

Un día Jesús estaba en el templo, un lugar donde la gente adoraba a Dios, y se puso de pie y leyó la Palabra de Dios en voz alta. Escogió una parte que había sido escrita por Isaías, uno de los mensajeros de Dios. Se trataba de cómo Dios algún día enviaría un salvador: ¡estaba hablando de Jesús! Leyó las palabras: "Me ha enviado a anunciar libertad a los presos". Entonces Jesús dijo: "Hoy mismo se ha cumplido la Escritura que ustedes acaban de oír" (vv.18, 21 DHH).

cuarenta personas! Y fue escrito durante mucho tiempo, alrededor de mil quinientos años. Dios les habló a estas personas sobre qué escribir, por eso se llama la Palabra de Dios.

La Biblia nos habla de mensajeros especiales que dijeron que Dios enviaría a alguien para salvar a las personas de sus pecados y cómo Jesús vino e hizo precisamente eso. De la Biblia, aprendemos lo que Jesús enseñó y cómo vivió, también leemos cómo sus seguidores aprendieron a amar a Dios y a otras personas, cómo adoraron a Dios y que algún día la familia de Dios vivirá con Él en el cielo.

Todo esto se une para hacer una gran historia sobre Dios.

Dios, gracias por darme mensajes importantes a través de la Biblia. Ayúdame a conocer tu historia aún mejor.

MANOS A LA OBRA

Dios nos da mensajes importantes a través de la Biblia, pero necesitamos dedicar tiempo a la Biblia para entenderlos. Lo mismo ocurre cuando decodificas un mensaje. Descifra este código reemplazando cada letra con la letra que está antes en el alfabeto (por ejemplo, B se convierte en A):

Ejpt opt ibcmb b usbwft ef mb Cjcmjb

3

ORACIÓN

Sustantivo (o-ra-ción)

Una conversación con Dios.

¿Alguna vez alguien te pidió que oraras y no sabías qué decir? Todos se han sentido así. No queremos hacerlo mal y no estamos seguros de cómo hacerlo bien. Dios no quiere que estemos tan preocupados por orar de la manera correcta que no oremos en absoluto. Él quiere escucharnos porque nos ama.

Cuando un amigo te saluda, está demostrando que le agradas y quiere hablar contigo. Dios también tiene una forma de hacer eso. Dios en realidad inició una conversación con nosotros mostrándose a través de la creación y hablándonos a través de la Biblia. La oración es nuestro turno de responder. Nos invita a acercarnos a Él y a conocerlo a Él y a Su amor.

Entonces, ¿qué le decimos a Dios? Todo lo que sea honesto. No tenemos que usar palabras elegantes. Podemos decir: «¡Vaya! ¡El cielo es tan hermoso!» o podemos decirle: «Gracias por los

ENCUÉNTRALO

EN LA BIBLIA

HECHOS 12

A veces, Dios responde a nuestras oraciones de grandes maneras. Tomemos, por ejemplo, al apóstol Pedro. Fue encarcelado porque había estado enseñando a la gente acerca de Jesús. Había cadenas que lo sujetaban y dieciséis soldados custodiando la cárcel, pero sus amigos cristianos seguían orando para que Dios salvara a Pedro. Una noche, un ángel apareció de repente, ¡y las cadenas de Pedro se cayeron! El ángel lo sacó sano y salvo de la cárcel. Dios había respondido a las oraciones de su pueblo con un increíble rescate.

macarrones con queso y por mi mejor amigo». Podemos decirle cualquier cosa, incluidas las cosas malas que hemos hecho, y pedirle perdón. También podríamos decir: «Ayúdame hoy a ser amoroso y no ser egoísta».

Siempre que necesitemos ayuda, podemos acudir a Dios. ¡Es un padre bueno y poderoso! Podríamos verlo sanar a una persona enferma o traernos un amigo cuando nos sentimos solos.

¿Dios solo nos escucha cuando nuestros ojos están cerrados o cuando estamos en la iglesia? ¡No! Podemos hablar con Dios en cualquier momento y en cualquier lugar. ¡Él siempre nos escucha!

Dios, gracias por querer estar cerca de mí y por escucharme.

MANOS A LA OBRA

Pídele a un miembro de la familia que no veas a menudo que haga una prueba contigo. Hablen por teléfono todos los días durante una semana. Después, pregúntate: ¿Me siento más cerca de esta persona? ¡Probablemente te sentirás más cercano! Cuanto más hablamos y escuchamos a alguien, ya sea un miembro de la familia, un amigo o Dios, tendremos una relación más estrecha con ellos.

4

CIELO

Sustantivo (cie-lo)

Hogar y reino de Dios.

Cuando Dios hizo el mundo, fue perfecto. Pero cuando el pecado entró en el mundo, trajo dolor, tristeza y muerte. Nuestro pecado nos separó de Dios. Entonces Dios dijo: «Les abriré un camino para que vuelvan a casa conmigo». Prometió prepararnos un lugar, un lugar perfecto llamado cielo.

En el cielo, Dios es el Rey. Todos en Su reino se vuelven parte de Su familia real. Es como si Dios tuviera en un castillo gigante donde la gente se convierte en sus príncipes y princesas. Cuando ponemos nuestra fe en Jesús, nos convertimos en parte del reino de Dios. El cielo se convierte en nuestro nuevo hogar, es donde realmente pertenecemos. Sabemos que algún día estaremos allí, después de nuestro tiempo en la tierra, ¡y nos emocionamos tanto con solo pensarlo!

ENCUÉNTRALO

EN LA BIBLIA

APOCALIPSIS 1, 5, 21–22

Jesús le dio a uno de sus seguidores, Juan, una visión del cielo. Nos da una idea de lo maravilloso que será el cielo. En la visión, miles de ángeles cantan alabanzas a Jesús, que está en un trono. Un río de cristal, llamado el agua de la vida, fluye desde su trono. Hay una ciudad dorada brillando como joyas, y no hay sol porque Dios mismo ilumina todo de manera tan brillante. No hay más noche ni oscuridad. La gente ve el rostro de Dios y Él enjuga sus lágrimas. Dios se sienta en el trono y dice: "¡Yo hago nuevas todas las cosas!" (Apocalipsis 21:5).

A Dios le encanta dar obsequios maravillosos a sus hijos y nos está preparando muchas sorpresas maravillosas en el cielo. Sin embargo, hay algunas cosas con las que Él dijo que podemos contar.

En primer lugar, nunca nos lastimaremos ni nos sentiremos mal. ¿Recuerdas la última vez que tropezaste y te raspaste la rodilla? Eso no sucederá en el cielo. ¿Usualmente tú y tu hermano o hermana pelean por qué programa ver? ¡Eso tampoco sucederá! En el cielo, nunca estaremos tristes por extrañar a alguien ni sentiremos miedo en la oscuridad. Todos los miembros de la familia de Dios, de toda la historia, estarán allí juntos. Y todos seremos más felices que nunca. ¿Puedes adivinar por qué? Porque estaremos cerca de Dios y emocionados de vivir en Su reino asombroso.

El cielo será un lugar hermoso y perfecto donde viviremos para siempre con nuestro buen Padre y Rey. ¡Cualquier cosa que podamos imaginar, el cielo será aún mucho mejor!

¡Dios, no puedo esperar para ir a mi verdadero hogar y vivir contigo para siempre!

MANOS A LA OBRA

Haz un dibujo de cómo crees que podría ser el cielo.

5

ETERNO

Adjetivo (e-ter-no)

Sin principio ni fin.

¿Has notado que algunas cosas no duran mucho? Las flores florecen solo unos días, el pan se vuelve seco y rancio, los juguetes se rompen después de jugar mucho con ellos. ¿Sabías que este mundo no durará para siempre?

El mundo tuvo un comienzo y tendrá un final, pero Dios es eterno, lo que significa que no tiene principio ni fin. Es como si todo el universo estuviera dentro de una bola de nieve y Dios estuviera fuera de ella. El tiempo pasa solo dentro de la bola de nieve, y Dios observa desde arriba.

Nosotros tampoco somos eternos. ¿Cómo podemos saber eso? ¡Porque tenemos cumpleaños! Nuestros cumpleaños celebran cuando nacimos porque no estábamos vivos antes de eso. Y aunque nuestros cuerpos no durarán para siempre, nuestras almas sí.

Dios dice que mientras estemos en este mundo, deberíamos preocuparnos más por lo que durará para siempre. ¿Sabes qué dura

ENCUÉNTRALO

EN LA BIBLIA

SALMO 9; SALMO 145

David amaba a Dios más que a nada. Cuando David estaba en problemas, acudió a Dios en busca de ayuda. Cuando pecó, pidió perdón. Él se preocupaba por lo que le importaba a Dios. ¿Por qué? Porque David sabía que Dios es eterno y que lo que dice es lo más importante. David dijo: "Pero el Señor es Rey por siempre; ha afirmado su trono para el juicio: juzgará al mundo con justicia" (Salmo 9:7-8 DHH). David era un rey, pero sabía que Dios es el Rey eterno. Le dijo a Dios: "Tu reino es un reino eterno; tu dominio permanece por todas las edades" (Salmo 145:13).

para siempre? Nuestra relación con Dios y amar y ayudar a los demás. Si actuamos como si esas cosas fueran muy importantes, se convertirán en nuestro tesoro, y es el único tipo de tesoro que dura para siempre.

Algunas veces, en lo único que podemos pensar es en conseguir un juguete divertido o en ganar un juego, pero si eso es todo lo que hacemos, llegaremos al cielo y veremos que esas cosas no importaban tanto como pensábamos. ¡Llegaron a su fin, como lo hizo el mundo! En cambio, queremos ir al cielo y decir: «Oye, aquí está todo lo que me importaba cuando estaba en la tierra. ¡Es tan importante que dura para siempre!»

Dios, ayúdame a preocuparme por lo que dura para siempre para que mis tesoros estén en el cielo.

MANOS A LA OBRA

Pon un poco de azúcar y arena en un frasco. Agrega agua y revuelve todo. ¿Qué sucede? La arena permanece mientras el azúcar se disuelve; ya no se puede ver el azúcar. Es como si desapareciera. Dios es como la arena, que todavía puedes ver. Dios no tiene fin, pero la tierra llegará a su fin.

6

TRINIDAD

Sustantivo (tri-ni-dad)

Dios Padre, Dios Hijo y Dios Espíritu Santo.

¿Alguna vez has escuchado a alguien explicar algo, pero no lo entendiste?

Hay algunas cosas sobre Dios que no podemos entender completamente, y eso está bien. Eso significa que Él es más grande de lo que nuestras mentes pueden contener, pero seguimos tratando de entenderlo porque lo amamos.

Una cosa loca y misteriosa acerca de Dios se llama Trinidad, que significa "tres en uno". Solo hay un Dios, sin embargo, hay tres Personas que son Dios. Está Dios el Padre, Dios el Hijo y Dios el Espíritu Santo. Cada uno es distinto, o está separado, el uno del otro, eso significa que el Padre no es el Hijo, el Hijo no es el Espíritu y el Espíritu no es el Padre, pero cada uno de ellos es el único Dios de la Biblia.

Si estás pensando, ¿eh? ¿qué es esto? ¡entonces eres como todos los demás! Vamos a ver lo que dice la Biblia.

ENCUÉNTRALO

EN LA BIBLIA

MATEO 3:13–17

La palabra *Trinidad* no está en la Biblia, pero las tres Personas están en ella. Solo mira por un momento el bautismo de Jesús. Cuando Jesús salió del agua, el cielo se abrió. El Espíritu Santo descendió sobre él como una paloma. La voz de Dios descendió del cielo y dijo: "Este es mi Hijo amado; estoy muy complacido con él" (v.17).

En el principio del mundo, Dios dijo: "Hagamos al ser humano a nuestra imagen y semejanza" (Génesis 1:26). El Padre, Jesús y el Espíritu Santo crearon todo juntos.

Jesús enseñó a la gente a orar al Padre en su propio nombre y envió al Espíritu Santo para guiar a las personas y cambiar sus corazones. Les dijo a sus discípulos que bautizaran a las personas en el nombre del Padre, del Hijo y del Espíritu Santo.

Los tres son su propia persona. Los tres son el único Dios.

Dios nos sorprende, ¿verdad? ¿Y por qué no debería hacerlo? Él es Dios y nosotros no. ¡No hay nadie como él!

Dios, eres de locos y asombroso, y te adoro porque eres más grande de lo que puedo entender.

MANOS A LA OBRA

La Trinidad es un misterio que nunca entenderemos realmente. ¡Es demasiado grande y maravilloso para nuestras mentes! Pero algunas personas han notado que Dios dejó pistas sobre la Trinidad en el hermoso mundo que creó. Por ejemplo, un trébol tiene tres hojas, pero es una planta. Un huevo tiene una cáscara, una yema y una clara, pero es un alimento entero. Estas cosas no son exactamente como la Trinidad, pero nos ayudan a pensar en ello y a abrir nuestro corazón a este misterio. ¿Puedes pensar en alguna otra pista en la creación que muestre esta idea de "tres en uno"?

7

SOBERANÍA

Sustantivo (so-be-ra-nía)

El poder y el derecho de Dios para gobernar todo.

¿Quién está a cargo de un aula? Un profesor. ¿Quién está a cargo de una escuela? Un director. ¿Quién está a cargo de una ciudad? Un alcalde. ¿Y quién está a cargo de un país? Un presidente o un rey.

Cada una de esas personas está a cargo de un área determinada. Dios también está a cargo, pero ¿a cargo de qué?

¡De todo! Él es quien creó todas las cosas, por lo que es el que está a cargo de todo. Primero de Crónicas 29:11 dice: "Tuyo es todo cuanto hay en el cielo y en la tierra.

Tuyo también es el reino, y tú estás por encima de todo."

Dios es un rey que se sienta en un trono en el cielo, donde todos se inclinan para adorarlo. Él es el Rey de reyes y Señor de señores, más poderoso que cualquier otro a cargo; de hecho, los reyes y líderes están a cargo solo porque Él ha dicho: «Te dejaré estar a cargo».

ENCUÉNTRALO

EN LA BIBLIA

JONÁS 1–4

Si Jonás alguna vez se preguntó si Dios tenía el control, ¡no tuvo que preocuparse después de su viaje! Dios le dijo a Jonás que fuera a Nínive y le dijera a la gente cómo seguir a Dios, pero Jonás no quería, así que se subió a un barco que partía de Nínive. Entonces Dios trajo una gran tormenta y Jonás fue arrojado al mar. Dios hizo que un pez se tragara a Jonás y luego, después de un tiempo, lo escupió. ¡Dios definitivamente llamó la atención de Jonás al mostrar Su poder! Al final, Jonás obedeció y cumplió con su parte en el plan de Dios para ayudar a la gente de Nínive.

Nada puede suceder a menos que Dios lo permita, y nada puede interponerse en sus planes.

Dios gobierna sobre las plantas, los animales, el clima y las personas. Nos pone en situaciones en las que podemos ser desafiados y crecer. Y aunque Él no quiere que sucedan cosas malas, cuando suceden, Dios se asegura de que algo bueno salga de ellas.

Imagínalo así: un hombre está haciendo una vasija de barro. Sostiene la arcilla en sus manos y le da la forma de cualquier tipo de vasija que quiera. Jeremías 18:1–6 dice que así es como Dios está con nosotros. ¡Estamos en sus manos!

Dios, te alabo por ser el Rey a cargo de todo.
Gracias por cuidarme. Sé que estoy en Tus manos.

MANOS A LA OBRA

Toma un poco de plastilina y haz las formas que quieras con ella. Tú estás a cargo de convertir la plastilina en lo que deseas. Mientras sostienes en sus manos lo que has creado, trata de imaginar a Dios haciendo lo mismo contigo y con todo lo que te rodea.

8

RECTITUD

Sustantivo (rec-ti-tud)

Ser perfecto y estar siempre en lo correcto.

Piensa en algún momento en que respondiste de manera correcta a una pregunta en la escuela. ¿Te sentiste emocionado? Se siente bien tener la respuesta correcta porque no podemos tener razón todo el tiempo.

Sin embargo, hay alguien que tiene razón todo el tiempo. Probablemente puedas imaginar quién es, ¡Dios! La Biblia dice que Él es justo, todo lo que hace es correcto. Es perfecto, puro y bueno. Él nunca hará algo malo porque eso iría en contra de quién es Él.

Piénsalo así: ¿Puede un hipopótamo volar en el cielo? ¿Puede una babosa correr más rápido que un guepardo? ¡No! No está en su naturaleza hacer esas cosas, ya que no fueron hechos para eso. De la misma manera, no está en la naturaleza de Dios equivocarse.

ENCUÉNTRALO

EN LA BIBLIA

1 SAMUEL 24

Cuando hacemos lo correcto, es como si estuviéramos mostrando a otras personas la justicia de Dios. Echa un vistazo a 1 Samuel 24. El rey Saúl estaba enojado con David porque Dios había elegido a David para que se convirtiera en el nuevo rey. El rey Saúl trató de herir a David, por lo que David se escapó. Mientras David se escondía en una cueva, Saúl entró sin saber que David estaba allí. Era la oportunidad perfecta para que David se acercara sigilosamente a Saúl y lo lastimara, pero David decidió no hacerlo. Cuando Saúl se enteró, se sorprendió. Le dijo a David: «Tú eres más justo que yo. Me trataste bien incluso después de que te traté mal. ¡Que Dios te recompense por hacer lo correcto!»

El Salmo 119 dice: "Señor, tú eres justo; rectos son tus decretos. Todos tus mandatos son justos y verdaderos" (vv.137-138 DHH). Dios es siempre quien puede decidir qué es lo correcto. No podemos hacer eso por nuestra cuenta, por esto Dios nos dio reglas para ayudarnos y guiarnos en la forma correcta de vivir.

Cada vez que leemos un mandamiento en la Biblia, es como si Dios estuviera compartiendo un secreto con nosotros. Él nos susurra: «Esto es lo que realmente importa», y también nos dice: «Confía en mi sabiduría».

Nunca seremos perfectos en la tierra, pero Dios quiere que sigamos tratando de aprender y hacer lo correcto. Él también nos ayudará a hacer lo correcto, ¡tan solo pregúntale a Él!

¡Dios, te alabo por tener siempre la razón!

Manos a la obra

Saca tu rompecabezas favorito y comienza a trabajar en él. Cuando encuentres una pieza de rompecabezas que encaje, piensa: esa es la pieza correcta, esa es la única correcta. Dios y sus buenas reglas son iguales. Solo Dios tiene razón, solo lo que dice que hagamos es correcto.

9

JUSTICIA

Sustantivo (jus-ti-cia)

Lo que es correcto y justo para todos.

Imagina que un día a la hora del almuerzo un compañero más grande toma la comida de un compañero más pequeño. El compañero de clase más pequeño parece que va a llorar mientras que el compañero de clase más grande se ríe.

¿Crees que eso está bien? ¡Para nada!

¿Crees que Dios diría que está bien? De ninguna manera. Él diría que eso no solo es cruel sino injusto. Dios siempre puede decirnos lo que es justo porque Él es justo. Y así como una brújula apunta hacia el norte, la justicia siempre apunta hacia lo correcto.

El Salmo 146 dice: "Hace justicia a los oprimidos y da de comer a los hambrientos [...] el Señor levanta a los caídos [...] pero hace que los malvados pierdan el camino." (vv. 7-9 DHH). ¡Dios es como el mejor superhéroe de todos los tiempos! Él arregla las cosas. Ayuda a los débiles y detiene a los malos. Dios quiere que seamos como Él. Si vemos que sucede algo injusto, debemos intervenir y ayudar a que las cosas sean justas. ¡Nosotros también podemos convertirnos en superhéroes!

ENCUÉNTRALO

EN LA BIBLIA

LUCAS 18:1-8

Jesús contó una historia sobre un juez que no era justo. Al juez no le importaba la gente de su pueblo. Una mujer seguía acercándose a él y le decía: «Hay un hombre que no está siendo justo conmigo. Ayúdame. ¡Haz justicia!» El juez no quiso ayudar, pero finalmente accedió a ayudar porque la mujer no dejaba de preguntar. Jesús dijo: «Dios es mucho mejor que este mal juez. Así que no dejes de pedirle que arregle las cosas. ¡Dios ayudará a su pueblo!»

Dios también es el juez del mundo. Siempre que alguien hace algo malo, la justicia de Dios requiere que haya una consecuencia por ello.

¿Qué es una consecuencia? Supongamos que una maestra se entera de que ese compañero de clase que es grande se llevó la comida del compañero pequeño y lo envía al director. Eso sería una consecuencia de la elección incorrecta que tomó.

Cuando pecamos, también hay consecuencias. Debido a que Dios es justo, no pretenderá que no hacemos cosas malas. ¡Eso sería como si tus padres se taparan los ojos mientras tu hermano o hermana sigue pisoteando tu juguete favorito! En cambio, Dios envió a Jesús a morir en la cruz para que asumiera todas las consecuencias de nuestros pecados por nosotros.

Dios, gracias por tu justicia. Ayúdame a ser como tú y a hacer lo justo.

MANOS A LA OBRA

Toma algunas golosinas y dale una a cada miembro de la familia. Luego, haz que tu hermano o hermana en el juego arrebate una golosina a otra persona. Luego dile al ladrón: «Eso no es justo. Por favor devuélvelo». ¡Esta será una práctica para ayudar al mundo a ser justo!

10

SANTO

Adjetivo (san-to)

Puro y apartado.

¿Alguna vez usarías tu cepillo de dientes para limpiar el piso y luego lo llevarías a la boca? ¡Huácala no! Siempre te aseguras de que tu cepillo de dientes esté limpio, ¿verdad? De esa forma, está apartado para una actividad especial.

Dios también quiere que su pueblo esté apartado para una actividad especial: adorarlo. Y así como necesitamos usar un cepillo de dientes limpio para cepillarnos los dientes, necesitamos estar limpios del pecado para adorar a Dios.

Mira, Dios es santo, lo que significa que es puro y no hay pecado en él. Pero la gente es pecadora, lo que significa que no siempre hacen lo correcto. Dios quería que un grupo especial de personas, los israelitas, fueran apartados de todos los demás. Él dijo: "Sean santos, porque yo, el SEÑOR su Dios, soy santo" (Levítico 19:2).

Dios les dio a los israelitas reglas que los ayudaran a hacer el bien y amarse unos a otros.

ENCUÉNTRALO

EN LA BIBLIA

ÉXODO 3:1-6

Un día, Moisés estaba cuidando unas ovejas cuando vio una zarza ardiendo. Se acercó a la zarza para ver qué estaba pasando y Dios llamó el nombre de Moisés desde la zarza y dijo: «No te acerques. Quítate las sandalias. Estás de pie en tierra santa.» Moisés obedeció porque sabía lo puro, importante y poderoso que es Dios. Se cubrió la cara para mostrar respeto. Moisés sabía que cualquier lugar donde esté Dios se convierte en un lugar especial y santo.

Es como si fueras a la casa de un amigo y estuvieras cubierto de barro. Dejaste huellas oscuras en cada habitación y, a la hora de la merienda, ¡trozos de barro cayeron de tu manga al plato de tu amigo! Más tarde, tu mamá hace una regla: siempre toma una ducha antes de jugar con tus amigos.

Cuando los israelitas hicieran lo que Dios dijo, serían santos, así podrían adorarlo y mostrarle al mundo lo bueno que es Dios.

Hoy en día, cualquiera que siga a Jesús también puede ser parte del pueblo santo de Dios. Colosenses 3 dice: "Dios los ama a ustedes y los ha escogido para que pertenezcan al pueblo santo. Revístanse de [...] bondad, humildad, mansedumbre y paciencia [...] perdónense si alguno tiene una queja contra otro [...] Sobre todo revístanse de amor" (vv.12-14 DHH). Cuando hacemos esas cosas, adoramos a Dios y le mostramos al mundo lo bueno que Él es.

Dios, quiero ser santo como tú. Ayúdame a hacer lo que es puro, bueno y amoroso.

MANOS A LA OBRA

La próxima vez que te pongas el pijama, piensa en cómo esa ropa está separada para la hora de dormir. Así es como somos apartados para obedecer a Dios para que podamos ser puros y amorosos como Él.

11

ADORACIÓN

Verbo (a-do-ra-ción)

Dar alabanza y honor.

¿Qué objeto tienes que sea importante para ti? Por un momento piensa en cómo lo tratas. ¿Lo escondes debajo de la ropa y lo ignoras? ¿Lo pisas? ¡No! Eres cuidadoso con él y lo colocas en un lugar especial, como en un estante de tu habitación, de tal manera que cuando alguien entre, vea lo especial que es.

Dios puede ver lo importante que es para nosotros por la forma en que lo tratamos a Él. Si Dios tiene un lugar especial en nuestras vidas, entonces podemos mostrarle cuánto lo amamos al adorarlo. Cuando le adoramos, estamos diciendo: «¡Eres el más asombroso y el más importante!»

¿*Cómo* adoramos?

Adoramos cuando cantamos y oramos a Dios, al leer la Biblia y obedecer, cuando amamos y ayudamos a los demás. La adoración es cualquier cosa que hacemos para mostrarle a Dios que Él merece nuestro tiempo, atención y trabajo duro.

ENCUÉNTRALO

EN LA BIBLIA

DANIEL 6

Daniel adoró a Dios todos los días. Él oró, memorizó la Palabra de Dios y obedeció a Dios. Cuando se mudó a un país donde casi nadie más adoraba Dios, Daniel pensó: No me rendiré, todavía adoraré a Dios. Cuando una nueva ley dijo que no se le permitía orar a Dios, Daniel pensó: ¡Eso no me detendrá! Daniel fue puesto en un foso de leones como castigo por orar a Dios, pero Dios lo mantuvo a salvo. El rey del lugar dijo: «Ahora todos deben respetar al Dios de Daniel, ¡el único Dios verdadero!»

¿Por qué debemos adorar a Dios?

¡Porque es maravilloso! Es perfecto y poderoso, Él nos hizo y nos cuida. No lo adoramos para obtener una recompensa, le adoramos por amor a Él. Es como cuando le das a alguien un abrazo, lo haces porque los amas.

La adoración es lo que sucede en la iglesia los domingos, pero también es cualquier cosa que hagas durante la semana para honrar a Dios, como orar o compartir tiempo con un amigo. Nuestra adoración no solo honra Dios, ¡también muestra a otros lo maravilloso que es Él! Es como si estuviéramos poniendo un foco gigante en Él y Su grandeza.

Dios, quiero adorarte todos los días. ¡Creo que eres maravilloso!

MANOS A LA OBRA

Mira las actividades de adoración a continuación. Intenta llevar a cabo una actividad al día durante una semana. No se trata de ser perfecto, se trata de mostrarle a Dios que le amas cuando lo intentas.

1. Cantar acerca de lo bueno que es Dios.
2. Orar
3. Leer la Biblia
4. Obedecer
5. Mostrar amor a alguien
6. Ayudar a alguien
7. Dar a alguien que lo necesita

12

PECADO

Sustantivo (pe-ca-do)

Una acción que Dios dice que está mal.

¡Pum! Una pelota que arrojaste golpea el florero de tu mamá. Cuando ella entra en la habitación, señalas a tu hermano y dices: «¡Él lo rompió!»

Incluso si no te metes en problemas con mamá, has mentido, lo cual Dios dice que es pecado.

La Biblia nos enseña lo que está bien y lo que está mal al darnos mandamientos: No mientas, no robes o lastimes a las personas, ama a Dios y ama a los demás, cumple tus promesas. Un pecado es todo lo que hacemos que no es puro o bueno o que va en contra de lo que Dios dice que es mejor para nosotros.

El pecado hiere a las personas que nos rodean y hiere a nuestros propios corazones, pero sobre todo, se convierte en un gran problema en nuestra relación con Dios. Es como si tuvieras un amigo que sigue robando tus cosas, eso se convertiría en un problema en tu relación, ¿no es cierto?

ENCUÉNTRALO

EN LA BIBLIA

GÉNESIS 3

¿Recuerdas donde sucedió el primer pecado en la Biblia? Fue en el jardín del Edén, Dios le dijo a Adán y a Eva que no comieran el fruto de un árbol. Pero el fruto de ese árbol les pareció tan delicioso que siguieron adelante y lo comieron de todos modos. Su pecado entristeció tanto a Dios, y eso significó que tenían que salir del jardín y estar lejos de Él.

Dios es santo y puro, por eso el pecado nos separa de Dios. Él también es justo, es decir, Él mantiene las cosas correctas y buenas, y Su justicia dice que debe haber una consecuencia por el pecado. ¿Cuál es esa consecuencia? Bueno, la Biblia dice: "Porque la paga del pecado es muerte" (Romanos 6:23). Todos han pecado, por lo que el mundo entero está en una mala situación.

¡Pero sabes qué! Dios nos ama tanto, su amor por nosotros es tan grande como el universo y no quiere que nos separemos de Él, a pesar de que hemos pecado. Por eso Dios envió a Jesús a la tierra. ¡Quería salvarnos! Jesús abrió un camino para que seamos perdonados, no castigados, y así volver a estar cerca de Dios.

Dios, gracias por mostrarnos lo que está bien y lo que está mal. Creo que lo que dices es correcto para mí.

MANOS A LA OBRA

Vierte un poco de agua en una taza transparente. Agrega color al agua, ya sea porque metes un marcador en el agua y revuelves, o porque le agregas una gota de colorante de comida. Ahora agrega un poco de aceite (de cualquier tipo) a la taza y revuelve. ¿Puedes ver cómo el aceite y el agua se mantienen separados? Así son Dios y el pecado, Dios siempre está separado del pecado.

13

RECONCILIACIÓN

Sustantivo (re-con-ci-lia-ción)

El acto de reunir a dos personas cuya amistad está rota.

«Lo siento», dice tu amigo. Después de herir los sentimientos uno del otro, ustedes dos habían dejado de jugar juntos. «Yo también lo siento», le dices mientras chocas esos cinco con él. Ahora están listos para jugar a corretearse y andar en bicicleta juntos de nuevo.

La reconciliación significa volver a estar juntos después de pelear. Cuando tú y tu amigo estaban disgustados, no podían hablar y reír juntos como de costumbre, su amistad tenía un problema, pero después de disculparse, "arreglaron" su relación rota. Se *reconciliaron*, lo que significa que volvían a ser amigos de nuevo.

Dios creó a las personas para que estuvieran cerca de él. Quiere que sintamos Su felicidad y amor, como si nos estuviera dando abrazos y haciéndonos reír. Pero Dios odia el pecado, así que cuando pecamos, nos convertimos en enemigos de Dios. El pecado rompió nuestra relación con Él.

ENCUÉNTRALO

EN LA BIBLIA

GÉNESIS 25, 27, 33

Jacob y Esaú eran hermanos gemelos que no se llevaba bien. Como hijo primogénito, se suponía que Esaú obtendría la tierra y las bendiciones especiales, pero Jacob se las robó. Esaú estaba tan enojado que él quería herir a Jacob, así que Jacob huyó. Años más tarde, Jacob regresó y se inclinó ante Esaú como una forma de decirle: «Lo siento. ¿Me perdonas?» Esaú abrazó y besó a Jacob como una manera de decir: «¡Te perdono!» Estos dos hermanos arreglaron su relación. Ellos se reconciliaron!

El pecado también arruinó al mundo entero, además trajo toda la tristeza y las partes dolorosas de la vida, como pelear con amigos o enfermar con fiebre. Todas estas cosas entristecieron mucho a Dios, así que Él pensó en una manera de arreglar todo lo que el pecado estropeó, y lo resolvió a través de Jesús.

Colosenses 1 dice: "y por medio de él, Dios reconcilió consigo todas las cosas... Eso los incluye a ustedes, que antes estaban lejos de Dios. Eran sus enemigos, separados de él por sus malos pensamientos y acciones; pero ahora él los reconcilió consigo mediante la muerte de Cristo..." (vv. 20–22 NTV).

A pesar de que fuimos nosotros los que nos equivocamos y lo lastimamos a Él, Dios abrió una manera de arreglar nuestra amistad. ¡Así de asombroso es Él!

¡Dios, gracias por enviar a Jesús para que podamos ser amigos de nuevo!

MANOS A LA OBRA

Consigue tres Legos y conecta dos de ellos colocando el tercer Lego encima de ellos. Imagina que los dos Legos de abajo son como tú y Dios. Ahora imagina que pecas, así que quedas separado de Dios. Retira el Lego que está en la parte superior para que las dos piezas de abajo (tú y Dios) queden separados. Vuelve a ponerles el Lego superior, y esta vez piensa que esa pieza es como si Jesús te trajera de vuelta a Dios.

14

PACTO

Sustantivo (pac-to)

Un acuerdo donde se hacen promesas.

Imagina que tu padre dice: «Tenemos que trabajar para mantener tu habitación limpia, hagamos un trato, si tu habitación está limpia todos los sábados, te llevaré a la tienda de dulces». Se dan la mano y ambos dicen: «¡Lo prometo!»

Dios hizo promesas con personas, esas promesas se llamaron *pactos*. Él prometió darles cosas buenas y tener una estrecha amistad con ellos. Como respuesta a esas promesas, las personas prometieron obedecer y amar a Dios.

En su pacto con Abraham, Dios le prometió bendecirlo y a todas las familias en el mundo a través de él.

En su pacto con los israelitas, les dio reglas para vivir, de tal manera que si vivían a la manera de Dios, ellos mostrarían la bondad de Dios al mundo.

En Su pacto con David, Dios dijo que alguien de la familia de David traería el reino de Dios, ese reino de paz al mundo.

¿Crees que Dios cumplió lo que prometió? ¡Sí, Dios siempre cumple sus promesas!

ENCUÉNTRALO

EN LA BIBLIA

GÉNESIS 15, 17

Uno de los primeros pactos que hizo Dios, lo hizo con Abraham. Dios prometió darle a Abraham una gran familia, aunque Abraham y su esposa Sara eran ancianos y no tenían hijos. Abraham seguro pensó, *¿cómo puede suceder eso?* Pero siguió escuchando, y Dios le dijo: "¿Puedes contar todas las estrellas en el cielo? ¡No! Tu familia crecerá mucho y serán como las estrellas, habrá demasiados miembros en tu familia para poder contarlos." Efectivamente, más tarde Sara tuvo un hijo, que fue el comienzo de una gran, nueva familia.

¿Crees que la gente cumplió lo que prometió? No, no lo hicieron. Imagina si tú no cumplieras tu parte en el trato con tu papá, y tu habitación siempre fuera un desorden con un lío de ropa apestosa y juguetes por todo lado. Tu papá diría todos los sábados: "Fuchi, hoy no hay tienda de dulces."

Dios vio que su pueblo necesitaba ayuda, por lo que hizo un nuevo pacto. Esta vez Jesús vendría y haría lo que todos antes de Él no pudieron hacer ¡Obedeció a Dios perfectamente!

¿Nosotros podemos hacer lo que hizo Jesús? No, nosotros nos equivocamos todo el tiempo. Pero si nuestra fe está en Jesús, podemos recibir cosas buenas de Dios y tener una estrecha amistad con Él.

Dios hace algo más asombroso a través del nuevo pacto: Él cambia nuestros corazones, nos ayuda a amar lo que Él ama y desear lo que Él dice que es bueno.

Dios, gracias por cumplir siempre tus promesas.

MANOS A LA OBRA

Siéntate en un subibaja con un amigo. ¿Te diste cuenta cómo ambos tienen que hacer su parte para que funcione? Lo mismo ocurre con los pactos, tanto Dios como las personas prometieron hacer su parte para que Dios les bendijera.

15

LEY

Sustantivo (ley)

Las reglas que Dios dio a Israel para hacer a los israelitas justos y amorosos.

¿Alguna vez has oído hablar de la regla de oro? Vino de algo que Jesús dijo: "Así que en todo traten ustedes a los demás tal y como quieren que ellos los traten a ustedes" (Mateo 7:12). Se llama regla *de oro* porque es una guía muy buena, y ayuda a la gente a entender cómo ser amable.

Dios dio a los israelitas buenas reglas llamadas la *ley*. Todas las reglas mostraban cuán sabio y justo es Dios. También mostraron a la gente la mejor forma de vivir para tener una vida buena y tranquila.

El pueblo de Dios luchó por seguir la ley. Las reglas de la ley más famosas eran los Diez Mandamientos. Pero no hubo sólo diez reglas, ¡habían más de seiscientas! Podemos leer sobre estas leyes en los primeros cinco libros de la Biblia, juntamente con un montón de historias sobre los israelitas que no seguían las reglas. Es como si

ENCUÉNTRALO

EN LA BIBLIA

ÉXODO 19–20, 24

¿Alguna vez te has preguntado cómo se vería la letra de Dios? ¡Dios escribió parte de la ley, los Diez Mandamientos, en tablas de piedra! No mucho después de que Moisés sacó a los israelitas de Egipto, subió a una montaña, un relámpago resplandeció, y el suelo tembló. Allí Dios dio los Diez Mandamientos: "Adora a Dios y a nadie más, muéstrale respeto, ten un día de descanso, obedece a tus padres, cumple con tus promesas, no estés celoso o hieras a otros, no mientas ni robes". Dios le dio a Moisés dos tablas de piedra con los mandamientos escritos para que los compartiera con los israelitas. De seguro la escritura de Dios fue realmente genial, ¡pero desde luego que lo fue y Moisés lo supo!

estuvieras jugando béisbol y perdieras la pelota al batearla una y otra vez. ¡Seguiste bateando! Los israelitas siguieron fracasando a la hora de confiar y obedecer a Dios.

Cuando Jesús vino a la tierra, "cumplió" la ley, esto significa que Jesús siguió todos los mandamientos de Dios cuando nadie más pudo hacerlo. Jesús también dijo que todo el punto de la ley se trata realmente de dos mandatos importantes: amar a Dios y amar a las personas. Cuando amamos como lo hizo Jesús, también cumplimos la ley.

Dios, gracias por ayudarme a vivir a tu manera.

MANOS A LA OBRA

La próxima vez que estés en un automóvil, pídele al conductor que nombre algunas reglas de conducción. Entonces mira y trata de detectar cada regla que sigue el conductor. ¿Se está deteniendo en las señales de alto? ¿Espera al auto que está delante antes de dar la vuelta? ¿Qué pasaría si se olvidara de esas reglas? ¡Ay! Alguien podría resultar herido. El conductor sigue buenas reglas que protegen y cuidan de las personas. Las reglas de Dios también son así.

16

ÍDOLO

Sustantivo (í-do-lo)

Cualquier cosa o persona que tratemos como más importante que Dios.

«¡El fútbol es mi actividad favorita! No quiero hacer nada más, solo quiero jugar fútbol».

«Sophie es mi mejor amiga. Prácticamente hago todo lo que ella hace».

Quizás hayas dicho algo así antes. ¡Es genial tener actividades favoritas y mejores amigos! pero la Biblia dice que debemos tener cuidado de nunca amar a nada ni a nadie más de lo que amamos a Dios. Si lo hacemos, en realidad estamos adorando a algo o alguien más que no es Él.

Cuando Dios enseñó por primera vez a los israelitas a cómo vivir, ellos estaban rodeados de personas que adoraban ídolos, dioses falsos. A veces, los ídolos eran estatuas de oro y Dios dijo: «Nunca adores a dioses falsos». ¿Por qué? Entonces Dios les dijo: «Porque yo soy el único Dios verdadero».

Dios es más poderoso que nadie. Él es el Creador de todo. Ama a las personas, las escucha y cuida de ellas. ¿Podría algún ídolo hacer algo de eso? ¡De ninguna manera!

ENCUÉNTRALO

EN LA BIBLIA

1 REYES 18

Una vez, cuando los israelitas estaban adorando ídolos, Elías le dijo al rey: «Hagamos una competencia: tu ídolo contra mi Dios.» El rey estuvo de acuerdo y en la cima de una montaña Elías y los hombres del rey construyeron altares, lugares especiales para ofrecer obsequios a sus dioses. Luego se turnaron para orar para que sus dioses enviaran fuego. Primero, los hombres del rey oraron pidiendo fuego, pero no pasó nada. Luego, cuando Elías oró, ¡Dios arrojó tanto fuego del cielo que quemó el altar de Elías y todo lo que estaba alrededor! Todo el mundo pudo ver que Dios es el único Dios verdadero.

Los ídolos se ven diferente en estos días, son cosas en las que gastamos mucho tiempo pensando o haciendo. Podrían ser las cosas que nosotros deseamos tener como juguetes, o actividades como juegos, televisión, deportes o música, o quizás personas como amigos o gente famosa. Si alguna vez actuamos como que algo es más importante que Dios, lo estamos tratando como un ídolo. Por ejemplo, tal vez queramos faltar a la iglesia para jugar fútbol, o tal vez nos burlamos de alguien solo porque nuestros amigos lo están haciendo.

Si decimos que Dios es lo más importante, no dejaremos que cualquier cosa nos impida mostrarle nuestro amor. Después de todo, nadie más es Dios. ¡Él es el único Dios verdadero!

Dios, solo quiero adorarte a ti, el único Dios verdadero.

Manos a la obra

Vierte un poco de jugo en un vaso. Luego vierte un poco de agua en un segundo vaso y agrega un poco de colorante de comida que haga que el agua parezca jugo. Luego pídele a alguien que vende tus ojos. Después, toma un sorbo de cada vaso. Incluso aunque se ven similares, ¡puedes notar la diferencia de inmediato! Esa agua coloreada es "jugo falso", al igual que los ídolos son dioses falsos.

17

SABBAT

Sustantivo (sa-bbat)

El día especial de descanso que Dios hizo.

Si pasaras una semana en el campamento jugando incansablemente bajo sol, ¿cómo te sentirías al llegar el viernes por la noche cuando salieran las estrellas? Estarías bastante cansado, ¿cierto? Estarías listo para una buena noche de sueño y quizás una siesta el sábado.

Dios estableció un día de descanso especial para los israelitas llamado el *Sabbat* o sábado, pero no fue porque tuvieron una semana loca en el campamento.

Dios creó el *Sabbat* porque había tomado un día de descanso después de haber creado el mundo, y quería que los israelitas hicieran lo mismo. De tal manera que trabajarían durante seis días y luego tomarían un descanso en el séptimo día, tal como lo había hecho Dios. Es parecido a tomar un descanso en el recreo durante el día escolar.

ENCUÉNTRALO

EN LA BIBLIA

ÉXODO 16

Imagina que tu estómago empieza a gruñir y miras algo cayendo fuera de tu ventana. ¿Es lluvia? No, ¡son hamburguesas! ¿Demasiado loco para creerlo? Bueno, algo así les pasó a los israelitas. Cuando los israelitas estaban en el desierto, Dios les proporcionó maná, pan que cayó como lluvia del cielo. La gente lo recogía en cestas y luego lo horneaban o hervían. El maná se mantenía bien solo por un día. Pero para el día sexto, Dios mandó que recogieran doble porción, porque Dios no enviaría maná el día séptimo. De esa manera la gente podría prepararse con suficiente comida para dos días y descansar el séptimo día. Los israelitas podrían simplemente sentarse, relajarse, pasar tiempo con Dios, ¡y comer su delicioso maná!

El *Sabbat* también les recordaba a los israelitas que algún día Dios les daría un lugar de descanso, un lugar llamado *la tierra prometida.* ¿Sabías que también tenemos una tierra prometida? Todavía no estamos ahí, pero algún día estaremos en el cielo con Dios. Entonces para nosotros, el sábado es un momento especial para desear el cielo.

Los cristianos de hoy dedican un día a la semana para adorar Dios en la iglesia y estar con las personas que amamos. Este dia especial nos acerca a Él y nos hace fuertes para lo que enfrentemos la semana siguiente.

Dios, gracias por darme descanso.

MANOS A LA OBRA

Recoge catorce rocas y pinta dos de ellas con un color brillante. Haz una línea de rocas con seis rocas sin pintar en una fila y una roca de color al final de la línea. Luego haz otra fila igual y la colocas debajo de la primera línea. El patrón es claro, ¿cierto? Las rocas de colores son como los días de reposo, que crean un patrón para nuestras vidas semana tras semana.

18

SACRIFICIO

Sustantivo (sa-cri-fi-cio)

Alguna cosa a la que se renuncia y es ofrecida como regalo.

¿Alguna vez has renunciado a algo importante para ti tan solo para hacer sonreír a alguien? Tal vez hubo un momento en el que le diste a tu hermano o hermana el pedazo de pastel más grande, a pesar de que realmente lo deseabas.

Eso sería un *sacrificio*. Los israelitas ofrecieron sacrificios a Dios para mostrar el amor por Él y estar más cerca de Él. Entregaron algunas de las cosas mas agradables como su mejor pan y sus mejores animales, como regalos para Dios. Después de todo, Dios les había proporcionado todo lo que tenían. Esta era una forma de decir: "¡Gracias, Dios!"

Los israelitas encendían un fuego en el altar, que era como el fuego para cocinar en la parrilla. Ellos ponían sus ofrendas en el fuego del altar, y esas ofrendas se convertían en un humo que flotaba hacia el cielo. Dios lo recibía como regalos de dulce aroma. Solo piensa cuán feliz es una persona cuando le das un regalo. ¡Los regalos de los israelitas también hicieron feliz a Dios!

ENCUÉNTRALO

EN LA BIBLIA

LEVÍTICO 9

La primera vez que los israelitas hicieron sacrificios, todos trajeron animales y granos a Aarón. Él era un sacerdote, eso significaba que era el líder de los sacrificios. Cuando Aarón puso las ofrendas de la gente en el fuego del altar, algo sorprendente sucedió. Dios envió fuego desde el cielo y quemó por completo todas las ofrendas que estaban en el altar. Esto demostró que ¡Dios aceptó sus regalos! La gente gritó de alegría y se inclinaron en adoración.

Sabes, además hubo sacrificios especiales para lidiar con el pecado. El castigo por el pecado era la muerte, pero Dios no quería eso para su pueblo. Así que dejó que la sangre de un animal "cubriera" el pecado. El animal murió en lugar de las personas que pecaron.

Estos sacrificios no resolvieron completamente el problema del pecado, eran un poco como vendas, cubrían pecados, pero no los quitaban. Arreglaban el problema del pecado por el momento, pero un mejor sacrificio vendría más adelante, el sacrificio lo arreglaría todo para siempre, y eso sucedió cuando Jesús murió por nuestros pecados. Lo que él hizo en la cruz realmente quita nuestros pecados.

Dios, quiero hacer sacrificios para mostrarte mi amor.

MANOS A LA OBRA

No necesitamos ofrecer el mismo tipo de sacrificios que los israelitas, pero podemos dar regalos a Dios. Entonces si tienes algún dinero, puedes ponerlo en el plato de ofrendas en la iglesia, o podrías regalarle uno de tus juguetes favoritos a alguien que no tiene muchos. Dios dice que dar regalos a personas que necesitan, es como darle regalos a Él.

19

TABERNÁCULO

Sustantivo (ta-ber-ná-cu-lo)

Una hermosa tienda de campaña para que Dios viva en ella.

¿Alguna vez has ido a acampar antes? ¿Con quién estuviste? Quizás tuviste que jugar en el bosque y hacer malvaviscos. Por la noche, pudiste usar la linterna en la oscuridad y acurrúcarte en tu saco de dormir. ¡Lo mejor de todo es que quizás ni siquiera tengas que decir adiós a las personas que acampan contigo! Ya que fue una "pijamada al aire libre", así que pueden permanecer juntos como amigos.

Bueno, Dios hizo algo parecido con los israelitas. Él lo hizo de tal forma que nunca tuvieran que decirle adiós, incluso cuando vivían en tiendas de campaña en el desierto y viajaban mucho. Dios dijo: "Construye una tienda especial solo para mí y me quedaré contigo, a donde quiera que vayas." Esta nueva tienda se llamaría *tabernáculo*.

Los israelitas no podían correr a la tienda para comprar suministros para construir el tabernáculo. En cambio, ellos miraron entre

ENCUÉNTRALO

EN LA BIBLIA

ÉXODO 35:31–35; 36:1; 39:32

Bezalel y Aholiab eran excelentes para crear cosas y podían manejar cualquier tarea delicada. Cuando llegó el momento de construir el tabernáculo, dijeron: «¡Estamos listos para trabajar!» Otras personas dijeron: «Queremos ayudar, pero no sabemos cómo tallar madera, coser o cortar diseños en piedra». Entonces Bezalel y Aholiab dijeron: «¡No hay problema! Nosotros les enseñaremos cómo hacerlo». Todos trabajaron duro durante meses. Cuando el tabernáculo estaba finalmente terminado, estaban muy orgullosos de lo que habían construido juntos.

sus propias pertenencias para ver lo que podían dar. Incluso renunciaron a sus cosas más elegantes como ¡objetos de oro, hermosas telas y joyas relucientes! Querían ayudar a hacer el tabernáculo realmente hermoso.

Una vez que se construyó el tabernáculo, solo los sacerdotes o los ayudantes de adoración, podían entrar y encontrarse con Dios. Pero cuando toda la gente veía el tabernáculo, pensaban: *¡Dios está aquí mismo con nosotros!*

Hoy no necesitamos un tabernáculo ni ningún otro lugar para que Dios viva ahí. ¿Por qué? Porque Dios envió al Espíritu Santo ¡a vivir en nuestros corazones! Eso significa que Dios está con nosotros todo el tiempo.

Dios gracias por querer estar cerca de tu pueblo y cerca de mí.

MANOS A LA OBRA

Instala tu propia tienda o fuerte usando una tienda de campaña o mantas y muebles. Pon cosas que son especiales para ti dentro de la tienda. Luego conviértela en un lugar de reunión donde puedas hablar sobre cosas importantes con alguien a quien amas, tal vez tu padre o tu mejor amigo. El tabernáculo se parecía un poco a eso, era un lugar especial para reunirse con alguien a quien amas.

20

SALMO

Sustantivo (sal-mo)

~

Una canción o poema que es una oración a Dios.

Si pudieras elegir un emoji, o el pequeño dibujo de una cara, para mostrar cómo te has sentido hoy, ¿cuál elegirías? ¿feliz o triste? ¿emocionado o cansado? ¿sorprendido o preocupado? Quizás incluso has sentido todas esas emociones, y más, en diferentes momentos hoy!

Todo el mundo tiene muchos sentimientos día tras día, y hay un libro en la Biblia que prueba que podemos compartir todos esos sentimientos con Dios. Ese libro se llama Salmos y está compuesto por un montón de poemas y canciones, son 150. Mucha gente dice que es su libro favorito en la Biblia porque hay salmos que encajan con casi cualquier sentimiento que puedas imaginar tener.

El pueblo de Dios usó estos poemas y canciones para compartir sus corazones con Dios y adorarlo, ¡y nosotros también podemos hacerlo! Los salmos son ejemplos que debemos seguir.

ENCUÉNTRALO

EN LA BIBLIA

SALMO 91

No sabemos quién escribió el Salmo 91, pero suena como si estuviera en una situación peligrosa, tal vez era un soldado a punto de ir a la batalla. El salmista escribió: "Estar con Dios es como encontrar un lugar seguro, un refugio donde puedo descansar." Cuando estaba con Dios, se sentía como si estuviera en una torre fuerte donde nada podría herirlo. El escritor también dijo: «Dios me protegerá, como cuando un pájaro cubre a sus pichones bajos sus alas.» ¿Te imaginas cómo se sienten los pajaritos cuando están todos acurrucados con su mami? Dios quiere que te sientas así con Él. Así que al igual que el salmista, podemos decir: «Dios, en Ti confío. Mantenme a salvo y cerca de ti!»

El rey David escribió aproximadamente la mitad de las oraciones en el libro de Salmos. Habló con Dios de *todo*. A veces el miraba hacia las colinas y clamaba a Dios diciendo: «¡Necesito ayuda!» Otras veces decía: «¡Tengo miedo!» o «¡me equivoqué!» En algunas ocasione lloraba y decía: «Dios, en este momento me siento más triste que nunca».

Otras veces, David explotaba de alegría y gritaba: «¡Dios, eres *maravilloso*!», y entonces tocaba el arpa y cantaba: «Gracias Dios por todo!» o susurraba: «Te amo más que cualquier cosa, Dios».

¿Sabes qué? Dios quiere que hagas lo mismo. A Dios le encanta oír que le hablas y que le cantas, acerca de cualquier cosa y ¡sobre todas las cosas!

Dios, estoy tan contento de poder decirte cualquier cosa. ¡Te alabo por ser tan maravilloso!

MANOS A LA OBRA

Crea tu propio poema o canción, que puedas utilizar como oración. Habla con Dios sobre cualquier cosa en tu mente o cualquier cosa que ames de Él, o también puedes elegir una canción de adoración y cantarla a Dios antes de irte a dormir.

21

PROFECÍA

Sustantivo (pro-fe-cía)

Un mensaje de Dios dicho por una persona.

«Nos reuniremos bajo el gran árbol durante el recreo. ¡Pásalo!» Si alguien te dijo eso, recibiste un mensaje especial. Y cuando lo transmites, eres el mensajero, el que da el mensaje.

Dios dio mensajes especiales que se llamaron *profecías*, y Él escogió a ciertas personas para que fueran Sus profetas o Sus mensajeros. Estas personas hablarían las palabras de Dios al resto de la gente.

Dios les recordó: «Los rescaté de la esclavitud y los hice a ustedes Mi pueblo especial. ¿No lo recuerdan?» Los israelitas habían estado actuando como si se hubieran olvidado por completo de Dios! Ellos le desobedecieron a Él todo el tiempo.

¿Alguna vez tu maestro te advirtió que recibirías un castigo si seguías rompiendo una regla? Eso es algo así como lo que Dios estaba haciendo. Quería ayudar a los israelitas a cambiar y les dijo:

ENCUÉNTRALO

EN LA BIBLIA

ISAÍAS 35; LUCAS 7:21–22

El profeta Isaías dijo a las personas que el Salvador venidero haría milagros, en otras palabras que haría cosas asombrosas que mostraban el poder de Dios. Estos milagros no solo sorprenderían a las personas, también las ayudarían. Isaías dijo: «Hará que los ciegos vuelvan a ver y los sordos vuelvan a oír. Él hará que las personas que normalmente no pueden caminar salten como ciervos. El hará que las personas que normalmente no pueden hablar griten de alegría». Cientos de años después, ¡Jesús hizo todas esas cosas!

«Tu pecado te traerá problemas, pero si dejas de desobedecerme, te perdono, y podemos estar cerca de nuevo».

Algunas de las profecías se referían al futuro. «Sólo espera», diría un profeta, o quizás: «Un día Dios enviará un poderoso Rey que rescatará a las personas de sus pecados».

El profeta Miqueas dijo: «Este nuevo rey nacerá en Belén». ¿Recuerdas dónde nació Jesús? ¡Belén!

El profeta Isaías dijo: «Este Salvador morirá justo al lado de criminales». Y Jesús también hizo eso.

Después de que Jesús murió y volvió a la vida, se reunió con Sus seguidores y: "Luego se puso a explicarles todos los pasajes de las Escrituras que hablaban de él..." (Lucas 24:27 DHH). Todo había sucedido exactamente como habían dicho que pasaría!

Dios, gracias por mostrarnos Tu amor al hablarnos.

MANOS A LA OBRA

Dios todavía usa a las personas para compartir sus mensajes hoy. Tú puedes transmitir a otros los mensajes de Dios que están en la Biblia. Escribe un versículo de la Biblia en una tarjeta de notas (por ejemplo, Efesios 4:32). Luego entrégale esa tarjeta a un amigo.

22

REDENCIÓN

Sustantivo (re-den-ción)

El acto de comprar de nuevo.

¿Cuáles son tus cosas favoritas? Imagina que de pronto pierdes una de ellas. Entonces alguien la encuentra y te dice: «Te dejaré tenerla de nuevo si me pagas veinte dólares». Te están diciendo que tendrás que volver pagar para poder tenerla.

Cuando Jesús murió en la cruz, pagó un precio para recuperarnos también.

Al principio, la gente le pertenecía a Dios, pero luego se alejaron de él y pecaron. Los pecados los separaron de Él.

Nuestro pecado también nos separa de Dios, y el pecado nos hace sus esclavos.

Eso significa que no podemos dejar de querer hacer cosas malas. El pecado es como el malvado amo de esclavos que nos controla y quiere mantenernos separados de Dios para siempre.

ENCUÉNTRALO

EN LA BIBLIA

RUT 3–4

Cuando Rut se mudó a una nueva ciudad con su suegra Noemí, no tenían dinero, pero encontraron a uno de los parientes de Noemí llamado Booz. De acuerdo con la ley, Booz podría ser "el redentor de la familia de Rut". La ley decía que si alguien estaba en problemas, el redentor de la familia debería intervenir y ayudar, y ¡eso fue lo que Booz hizo! Booz usó su propio dinero para volver a comprar la tierra que perteneció a la familia, se casó con Rut y cuidó de ella y de Noemí.

Pero Dios encontró una manera de liberarnos y rescatarnos del pecado. Debido a que Dios es justo, no finge que no hacemos cosas equivocadas. Él nos libera del pecado y al mismo tiempo mantiene las cosas justas y equitativas. Eso significa *redimirnos*, en otras palabras Dios pagó el precio para comprarnos de nuevo del poder del pecado que había en nosotros. Ese precio fue la vida de Jesús.

Es como si ese malvado amo de esclavos nos metiera en una jaula y dijera: «¡Ja! Nunca volverán a ser libres», y entonces, de repente, Dios se apareció y le entregó el pago para liberarnos. Dios le dijo al amo de esclavos, «Ya no los posees, he pagado el precio, y me pertenecen ahora!»

Dios, gracias por redimirme, por pagar el precio para liberarme del pecado.

MANOS A LA OBRA

Ve a una heladería y lleva el dinero para comprar el helado tú mismo. Eso se parece un poco a cómo Jesús dio su vida para volver a comprar a su pueblo.

23

RESURRECCIÓN

Sustantivo (re-su-rrec-ción)

Regresar a la vida después de haber muerto.

¿Quién es tu superhéroe favorito? Piensa en un momento en que ese superhéroe estaba en problemas y parecía que el enemigo iba a ganar. Entonces... ¡sorpresa! El superhéroe usó un estallido de poder para vencer al enemigo y salvar el día.

La resurrección de Jesús fue algo así. ¿Quiénes eran los enemigos? Satanás, el pecado y la muerte. ¿Quién ganó? Bueno, cuando Jesús murió, parecía que sus enemigos habían ganado. Pero entonces... ¡sorpresa! Jesús resucitó. ¡Eso significa que volvió a la vida! Demostró que era el más poderoso y venció a esos enemigos para siempre.

ENCUÉNTRALO

EN LA BIBLIA

MATEO 28:1–10

Tres días después de la muerte de Jesús, María y María Magdalena fueron a la tumba, cuando de repente, hubo un terremoto, y apareció un ángel resplandeciente. El ángel quitó la gran piedra que estaba frente a la tumba de Jesús para que las mujeres pudieran ver el interior y les dijo: «Jesús no está aquí, Él ha resucitado de entre los muertos, justo como dijo que lo haría». Las mujeres corrieron para decirle a otras personas, ¡y de camino se encontraron con el mismo Jesús! Estaban tan asombradas y felices, que se inclinaron a los pies de Jesús y le adoraron.

Jesús ganó la victoria no solo para sí mismo sino para todos los que le pertenecen. Es como si todo el que crea en Jesús estuviera en su equipo, y le dice al equipo: «Estás conmigo, y si he ganado contra esos enemigos, tú también».

¿Puedes adivinar lo que eso significa? Algún día todos los que creen en Jesús volverán a la vida, ¡tal como lo hizo Jesús! Después de que muramos, Dios nos dará vida de nuevo y nos dará nuevos cuerpos, además nos llevará al cielo. Todo porque pertenecemos al Único que es el más poderoso de todos.

Dios, gracias porque volveré a la vida como lo hizo Jesús!

MANOS A LA OBRA

La próxima vez que estés en una piscina, sujeta una pelota de playa bajo el agua y luego suéltala. ¿Qué es lo que sucede?¡La pelota flota enseguida! No puede permanecer bajo el agua. (Puedes probar lo mismo en una bañera con una botella de agua vacía y con tapa.) El poder de Jesús sobre el pecado y la muerte es así. La vida en Él es más fuerte, el poder de Dios lo hizo resucitar de entre los muertos, y su poder hará lo mismo por nosotros.

24

SALVACIÓN

Sustantivo (sal-va-ción)

Es el rescate del pecado y tener una nueva vida con Dios.

Imagina que tu mamá compra boletos para ver a tu cantante favorito en concierto ¿qué haces? Pues tomas los boletos, y gritas de felicidad. Más tarde, en el concierto, hay una persona recogiendo las entradas, y tú le entregas tu boleto, confiando que ese boleto tiene el poder para dejarte entrar, y ¡funciona!

Así es cuando Dios nos salva, Él "compró los boletos" para nosotros al enviar a Jesús a morir por nuestros pecados.

Luego nosotros tenemos que hacer nuestra parte, que es creer en Dios. Necesitamos extender la mano y tomar el boleto, para demostrar que confiamos en el poder de lo que Jesús ha hecho. Así como crees que las entradas al concierto te permitirán ver a tu cantante favorito, así debes creer que la fe en Jesús te permitirá ver a Dios en el cielo.

ENCUÉNTRALO

EN LA BIBLIA

HECHOS 10–11

Cornelio era un oficial romano, que no era parte de la familia de Israel. Dios le dijo a Pedro, uno de los discípulos de Jesús, que fuera a visitar a Cornelio y le dijera cómo podría ser salvo a través de Jesús. Dios quería que Pedro aprendiera que todos, incluso las personas que no están relacionadas con los israelitas, pueden salvarse. Pedro le explicó todo esto a Cornelio y le dijo: «Todo el que crea en Jesús será perdonado.» Entonces Cornelio creyó y ¡fue salvo!

La Biblia dice: “si confiesas con tu boca que Jesús es el Señor y crees en tu corazón que Dios lo levantó de entre los muertos, serás salvo...todo el que invoque el nombre del Señor será salvo” (Romanos 10:9,13). ¡Es realmente así de sencillo!

Tan pronto como ponemos nuestra fe en Jesús, somos perdonados y somos hechos justos. Ahí es cuando Dios borra el pecado que nos separa de Él.

Ser salvo no se trata solo de ir al cielo algún día, ¡la salvación cambia la forma en que vivimos ahora mismo! Podemos llegar a conocer mejor a Dios todos los días, y eso alegra nuestro corazón y nos muestra las mejores formas de vivir, también nos hace fuertes. ¡Jesús trae un montón de amor y alegría a nuestras vidas!

Dios, creo que lo que Jesús hizo por mí me trae salvación.

MANOS A LA OBRA

Vierte un poco de agua en un bol y espolvorea un montón de pimienta en él. Luego pon un poco de jabón líquido para platos en tu dedo. Ahora toca el medio de la superficie del agua con ese dedo. ¿Qué sucede? ¡La pimienta se va corriendo! Esa es una imagen de cómo el poder de Dios quita nuestros pecados.

25

SANTIFICACIÓN

Sustantivo (san-ti-fi-ca-ción)

El proceso de llegar a ser cada vez más santo.

Supongamos que tienes una hoja de papel en blanco, pintura y algunos pinceles. ¿Qué harías con eso? Harías algo increíble, ¿cierto? Tomarías tu tiempo y seguirías trabajando hasta que el cuadro esté terminado.

Cuando Dios nos salva del pecado, Su Espíritu comienza a trabajar en nuestros corazones, así como pintar un cuadro realmente hermoso. Él quiere que nosotros lleguemos a ser cada vez más santos, como Él lo es, y no dejará de trabajar hasta que termine su obra en nosotros.

Por naturaleza, somos egoístas y solo nos preocupamos por obtener lo que queremos, pero Dios cambia nuestro corazón para que amemos lo bueno y deseemos lo que Él quiere.

Nosotros hacemos nuestra parte al escoger obedecer. En lugar de simplemente hacer lo que están haciendo nuestros amigos,

ENCUÉNTRALO

EN LA BIBLIA

LUCAS 19:1–8

El trabajo de Zaqueo era recolectar el dinero de la gente que pagaba impuestos. El era astuto y codicioso, por esto, le cobraba más dinero a la gente para hacerse rico. Pero cuando Zaqueo se encontró con Jesús, decidió que quería dejar de escabullirse y robar. Él dijo: «Yo no volveré a hacer eso. Voy a devolver lo que tomé, no, ¡devolveré cuatro veces más de lo que tomé de las personas! y ¡daré la mitad de mi dinero a los pobres!» Dios estaba obrando en el corazón de Zaqueo para hacerlo santo, y eso se llama santificación!

empezamos a pensar y preguntarnos: *¿Qué dice Dios sobre esto?* Lo averiguaremos leyendo la Biblia, oraremos, *Dios, ayúdame a seguirte.*

La vida en la tierra nos está preparando para algo. ¿Puedes imaginar cómo será ¡Vivir en el cielo!? El cielo es un lugar sagrado. Cada vez que obedecemos, nos volvemos más como Jesús, más como personas que se sentirán en casa cuando estén en el cielo.

Pero cuando nos equivocamos, Dios no se dará por vencido con nosotros. La Biblia nos dice: "Estoy convencido de esto: el que comenzó tan buena obra en ustedes la irá perfeccionando hasta el día de Cristo Jesús" (Filipenses 1:6).

Dios, gracias por hacerme santo como tú.

MANOS A LA OBRA

Con la ayuda de tus padres, obtén un trozo de papel de aluminio que sea tan ancho como tus hombros. Luego, cierra tus ojos, presiona lenta y suavemente la lámina sobre tu cara hasta que toque cada parte de tu rostro, hasta hacer como una máscara. Retira con cuidado la lámina de tu cara y mira qué aspecto tiene. Tu rostro cambió la forma del papel de aluminio, de tal manera que se parece a ti, de esta misma forma Dios nos cambia para ser como Él.

26

EVANGELIO

Sustantivo (e-van-ge-lio)

Las buenas noticias de la salvación que viene a través de Jesús.

Tu mamá dice: «Sí, puedes ir a las montañas rusas con tus mejores amigos el próximo fin de semana».

Gritas, «¡Fenomenal!» y luego corres a contarle a tus mejores amigos la buena noticia.

Los discípulos también tenían muy buenas noticias, y no pudieron esperar para compartirlas con los demás.

Verás, los profetas habían escrito que Dios salvaría a las personas, pero nadie entendía cómo iba a pasar esto. Fue hasta después de que Jesús vivió, murió y volvió a la vida que los discípulos entendieron el plan. ¡Dios estaba salvando a la gente a través de Jesús! Y era el trabajo de los discípulos compartir esa buena noticia con el mundo.

El evangelio son las buenas noticias del asombroso amor de Dios por las personas y Su gran plan de rescate. ¡Esa es toda la historia de Dios en la Biblia! Él nos creó a todos y se acerca para

ENCUÉNTRALO

EN LA BIBLIA

HECHOS 8

Un ángel envió a un hombre llamado Felipe a viajar por un camino donde conoció a un oficial etíope. Este oficial estaba en un carro, leyendo las palabras de un profeta, cuando de pronto dijo: «Necesito que alguien me explique esto. ¿De quién está hablando el profeta?» Felipe respondió: «¡Jesús!» y le explicó las buenas nuevas de Jesús. El etíope creyó en Jesús y luego Felipe lo bautizó. Después el etíope continuó su camino a casa, lleno de alegría porque había oído y creído las buenas noticias.

salvarnos cuando estamos en problemas. Él dice: «Te ayudaré y te perdonaré. Te haré mío y te daré la vida para siempre porque te amo».

La buena noticia es que no tienes que ser lo suficientemente bueno para ser salvado por Dios. No importa si has infringido las reglas antes, cualquiera puede tener una relación con Dios y vivir con él en el cielo un día, tú solo tienes que creer en Jesús, pedirle a Dios que perdone tus pecados y seguirle.

¿Quieres conocer una forma breve de explicar el evangelio? Sólo tienes que decir Juan 3:16: "Pues Dios amó tanto al mundo, que dio a su Hijo único, para que todo aquel que cree en él no muera, sino que tenga vida eterna" (DHH).

Dios, gracias por amarme y salvarme. El Evangelio realmente es una buena noticia. ¡Ayúdame a compartirlo con los demás!

MANOS A LA OBRA

Haz una pulsera con seis cuentas de diferentes colores, cada color será símbolo de la historia de salvación: negro por el pecado, rojo por la sangre de Jesús, blanco para el perdón, azul para el bautismo, verde para el crecimiento y el oro para la vida eterna. Si alguien te pregunta por tu pulsera, ¡puedes compartir las buenas noticias!

27

CONFESAR

Verbo (con-fe-sar)

Admitir las cosas equivocadas que hemos hecho.

Imagínate que estás enfermo con una tos fuerte. Tu mamá te ofrece un poco de medicina para la tos, pero finges que estás bien. A medida que sigues jugando, tu tos empeora y empeora. Finalmente, lo admites: solo mejorarás si tomas el medicamento.

Confesar nuestros pecados es muy parecido a eso. Solo cuando admitimos a Dios, que hemos hecho algo mal es que podemos obtener la "medicina" que nosotros necesitamos, y esa medicina es el perdón.

Hubo un tiempo en que el rey David seguía fingiendo que no había hecho cosas malas, pero eso solo lo hizo sentir peor. No pudo dejar de pensar en esas cosas malas que había hecho y finalmente le dijo a Dios: "Pero te confesé mi pecado, y no te oculté mi maldad. Me dije: 'Voy a confesar mis transgresiones al Señor', y tú

ENCUÉNTRALO

EN LA BIBLIA

LUCAS 15:11–24

Una vez un joven se escapó de la casa después de herir los sentimientos de su padre. Gastó el dinero de su padre en cosas que le daban diversión. Luego se quedó sin dinero y empezó a sentirse solo, triste y hambriento. El joven decidió regresar a casa, sabía que tendría que confesar las cosas incorrectas que había hecho y ser lo suficientemente valiente para decir la verdad. Entonces cuando llegó de nuevo a su casa el hijo dijo a su padre: «He pecado contra Dios y contra ti. ¡Lo siento!» El padre le dio un gran abrazo y dijo: «Pensé que te había perdido. ¡Estoy tan feliz de que hayas vuelto! Vamos a tener una fiesta, ¡hay que celebrar!»

perdonaste mi maldad y mi pecado" (Salmo 32:5). ¡David se sintió mucho mejor después de eso!

Cuando confesamos nuestros pecados, estamos de acuerdo con Dios sobre lo que es pecado, es como si dijéramos: «Dios, si tu dices que algo está mal, estoy de acuerdo también con que eso está mal».

Al confesar estamos admitiendo que *hemos* hecho algo malo. Algunas veces es muy difícil hacer eso, ¿verdad que es difícil? Pero es solo cuando somos honestos que las cosas pueden mejorar.

Dios, admito que he hecho cosas malas,
como ______________. Gracias por perdonarme.

Manos a la obra

Ponte un par de gafas de sol oscuras, luego quítatelas. ¿Qué tan diferente se ven las cosas cuando te quitas las gafas? Tal vez con las gafas de sol, un arándano se ve negro. Antes de confesar nuestros pecados, es como si estuviéramos usando esas gafas de sol, no vemos las cosas como realmente son, nos decíamos a nosotros mismos que no habíamos hecho nada malo, pero solo estábamos fingiendo. Cuando confesamos, es como quitarse las gafas de sol, podemos ver lo que es verdad, lo que Dios ha visto todo el tiempo.

28

MISERICORDIA

Sustantivo (mi-se-ri-cor-dia)

Elegir no castigar a alguien que lo merece.

Imagina que estás en clase y tu maestra te advierte que tendrás que ir a ver al director la próxima vez que te pille hablando durante el tiempo de lectura. Un par de minutos después, empiezas a hablar con un amigo, de nuevo.

De repente, tu maestra te llama con severidad y te dice: «¿Entiendes que mereces ir a ver al director?» Tú asientes con la cabeza y aceptas, de pronto ella continúa diciendo: «Bueno, hoy te voy a dar misericordia, no irás a ver al director, pero atiende las instrucciones ahora, ¿de acuerdo?»

Así es como Dios nos trata. Hicimos cosas incorrectas: golpeamos a nuestra hermana, le mentimos a nuestro padre o herimos los sentimientos de nuestro amigo. Y es como escuchar a Dios decir: «¿Entiendes que mereces un castigo? Bueno, hoy decido darte misericordia en lugar del castigo».

¿Recuerdas lo que dijimos que es el castigo por el pecado? El castigo es estar separado de Dios para siempre. Pero Dios quiso

ENCUÉNTRALO

EN LA BIBLIA

LUCAS 22:54–62; JUAN 21:15–19

Después de que arrestaron a Jesús, uno de sus discípulos, Pedro, estaba avergonzado de que había sido amigo de Jesús. Las personas le habían preguntado: «¿No eras tú uno de los discípulos de Jesús?» Pedro mintió y dijo: «¡No! Yo ni siquiera lo conozco». Después de esto, Pedro se sentía muy mal porque había dicho una mentira. Pero luego de que Jesús volvió a la vida, Jesús no castigó a Pedro alejándolo, Jesús le dio misericordia. Incluso le asignó una tarea especial a Pedro: ¡el importante trabajo de construir la iglesia!

rescatarnos del castigo del pecado, entonces, ¿qué hizo? envió a Jesús. Jesús asumió nuestro castigo al morir en la cruz, abrió un camino para que seamos perdonados y volvamos a ser amigos de Dios, *incluso aunque pequemos*. ¡Esto es increíble!

¿Por qué Dios nos da esta asombrosa misericordia? ¿Nos la ganamos de alguna manera? ¡No! Él nos da misericordia por ser Dios misericordioso, porque es bueno, gentil y bondadoso.

Ahora, veamos todavía una cosa más que también es asombrosa: Dios no se ha cansado de dar misericordia. La Biblia nos dice: "El gran amor del SEÑOR nunca se acaba, y su compasión jamás se agota. Cada mañana se renuevan sus bondades; ¡muy grande es su fidelidad!" (Lamentaciones 3:22-23). Dios sigue dándonos misericordia *todos los días*.

Dios, gracias por darme misericordia.
Ayúdame a ser misericordioso con otros también.

MANOS A LA OBRA

La próxima vez que otros sean malos contigo, no seas malo contra ellos. Haz algo bueno por ellos en cambio, como ayudarlos en un proyecto, o si tu hermano tiene que hacer una limpieza extra de la casa como castigo por algo que hizo mal, sorpréndelo y ayúdale a limpiar.

29

GRACIA

Sustantivo (gra-cia)

Algo bueno que no se gana con trabajo ni se espera.

Supongamos que estás en casa de tu amiga y ella decide darte su juguete favorito, sólo porque sí. No te lo ganaste o pagaste por el juguete, ni siquiera es tu cumpleaños o Navidad. Tu amiga solo quiere darte algo bueno.

Así es la gracia. No es una recompensa por alcanzar un objetivo o por hacer cosas buenas, es simplemente un regalo y la única razón de ese regalo es el amor.

Dios nos da regalos como este, de muchas formas. Para empezar, ¡Él nos creó! Desde entonces, ha seguido dándonos lo que necesitamos, junto con todas nuestras cosas favoritas, como el chocolate, una cama acogedora, áreas de juego, y la gente que nos hace reír. Cada cosa buena en nuestra vida está ahí porque Dios quiso darla.

Él nos salva del pecado de la misma manera. Romanos 3:24 dice: "pero por su gracia son justificados gratuitamente mediante la redención que Cristo Jesús efectuó."

ENCUÉNTRALO

EN LA BIBLIA

LUCAS 10:25–37

Una vez un samaritano viajero se encontró a un hombre judío que había sido robado y herido. El judío se hallaba solo y tan herido que estaba a punto de morir. Aunque la mayoría de los samaritanos y judíos se odiaban, este samaritano dijo: «Te voy a ayudar!» El vendó al hombre herido y lo llevó a un lugar donde pudiera descansar, incluso pagó a otras personas para que cuidaran al judío. El samaritano se desvió de su camino para mostrar gracia.

¿Recuerdas por qué necesitamos este tipo de regalo? Porque incluso, aunque siempre tratemos de obedecer a Dios, eventualmente nos equivocamos. Nosotros nunca podríamos hacer suficientes cosas buenas para "compensar" nuestros pecados. La gracia, ese buen regalo que no podemos ganar, es la única forma en que podemos acércarnos a Dios.

A veces, la gracia parece demasiado buena para ser verdad, pero *es* verdad ¡porque Dios realmente es tan maravilloso! Nuestro trabajo es creerle a Dios, aceptar las cosas buenas que Él da y amarlo de vuelta. ¿Cómo crees que podemos hacer eso? ¡Al obedecerle y al brindarle gracia a los demás también!

Dios, gracias por la gracia
que Tu me das.

MANOS A LA OBRA

Ofrece un regalo a tus vecinos, no porque sea su cumpleaños o sea Navidad, hazlo solo porque quieres ser cariñoso y amable. Quizás podrías darles tu postre favorito, o puedes preguntar cómo ayudar con el trabajo del jardín de ellos ¿Se necesita rastrillar las hojas o arrancar las malas hierbas? Ofrece hacer el trabajo para ellos, solo como un regalo.

30

FE

Sustantivo (fe)

Estar seguro sobre algo que no puedes ver, tocar o escuchar.

«¿En serio dices la verdad? ¡Pruébalo!» ¿Alguna vez le has dicho eso a alguien que afirmó que podría hacer algo salvaje, como hacer *splits* o malabares con los ojos cerrados? Si no crees en algo hasta que lo veas, entonces no tienes fe.

Uno de los discípulos de Jesús, Tomás, no creía que Jesús hubiera resucitado de entre los muertos. No fue hasta que Tomás realmente vio a Jesús y sus heridas de la cruz que creyó. Quizás algunos de nosotros hubiéramos hecho lo mismo, pero sabes qué, Jesús dijo que hubiera sido mejor si Tomás hubiese tenido *fe*, hubiera sido mejor que creyera sin tener que ver.

La Biblia nos dice que: "Tener fe es tener la plena seguridad de recibir lo que se espera; es estar convencidos de la realidad de cosas que no vemos" (Hebreos 11:1 DHH). Es como si estuvieras esperando que tu mamá te recoja después de la práctica de fútbol. Incluso si

ENCUÉNtRaLO

EN LA BIBLIA

LUCAS 7:1–10

Un oficial romano una vez le pidió a Jesús que curara a un enfermo que había en su casa. El oficial mostró su gran fe cuando le dijo a Jesús: "Señor, no te tomes tanta molestia, pues no merezco que entres bajo mi techo... Pero, con una sola palabra que digas, quedará sano mi siervo" (vv. 6–7). Este oficial romano creía firmemente que Jesús tenía el poder para hacer cualquier cosa, en cualquier lugar. ¡Jesús estaba asombrado! Y dijo: "Les digo que ni siquiera en Israel he encontrado una fe tan grande" (v.9).

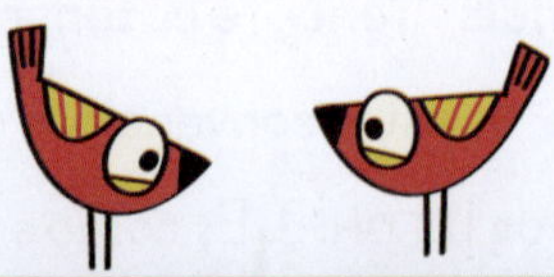

ella llega un poco tarde, tienes fe de que ella va a llegar por ti y la verás pronto.

Si tienes fe en Dios, significa que crees que Él es real, aunque no lo veas. Significa que crees que el amor de Dios es fuerte, aunque no siempre puedas sentirlo. Y significa que crees que lo que Dios dice en la Biblia es verdad, incluso si no puedes escuchar la propia voz de Dios.

Entonces, ¿qué crees que sucede una vez que tenemos fe en Dios? Él perdonará nuestros pecados, nos hará fuertes, y nos guiará mientras vivimos esta divertida aventura con Él cada día.

Dios, sé que eres real. Yo creo en tu amor,
y confío en todo lo que dices.

MANOS A LA OBRA

Ponte de pie frente a una silla, gira y dale la espalda a la silla, de tal modo que esté detrás de ti. Luego, sin tocar o mirar la silla, inclínate y siéntate, ¡probablemente eso es algo que haces todo el tiempo! Ahora por un momento piensa: tenías fe en que la silla estaba allí y te sostendría, incluso aunque no la vieras o la tocaras, mostraste tu fe sentándote en la silla.

31

DISCÍPULO

Sustantivo (dis-cí-pu-lo)

Un estudiante que aprende y se vuelve como el maestro al que sigue.

Si quieres aprender a tocar el piano, ¿qué es lo que haces? Primero necesitas un piano y un maestro. Luego tendrás que pasar tiempo con tu maestro, escuchándolo y copiando lo que él hace. ¡En poco tiempo podrás reproducir canciones completas!

Jesús escogió a doce personas para que fueran sus alumnos especiales, sus discípulos. Lo llamaron "Maestro" y "Señor". Los discípulos pasaban todo el tiempo con Jesús y escuchaban todo lo que les decía. Los discípulos vieron cómo Jesús amaba a Dios y ayudaba a la gente.

Jesús les dijo a sus discípulos: «Hagan a Dios, lo más importante de sus vidas, y nunca actúen como si fueran más importantes que otras personas, en lugar de eso, *amen* a los otros. ¡Encuentren formas de servir a las personas!» Jesús les dio un ejemplo a los discípulos cuando les lavó los pies, que estaban sucios y apestosos. ¿Crees que fue un trabajo maloliente? ¡Seguro que lo fue!, pero Jesús lo hizo de todos modos.

ENCUÉNTRALO

EN LA BIBLIA

MATEO 4

Pedro y Andrés eran pescadores y un día Jesús les dijo: «Vengan y síganme, los haré pescadores de hombres.» Eso significaba que empezarían a encontrar personas que necesitaban a Jesús, en lugar de encontrar peces. Pedro y Andrés no entendieron y probablemente se preguntaron: *¿Qué tendremos que hacer exactamente? ¿Cómo será que lo haremos?* Pero confiaron en Jesús sin tenerlo todo resuelto. Ellos dejaron de pescar y comenzaron a seguir a Jesús, haciéndolo la persona más importante en sus vidas.

También les dijo Jesús: «Imiten lo que hago y así le mostrarán a Dios y a las personas que ustedes los aman.» Y así, de la misma forma en que tu imitarías a tu maestro de piano, los discípulos comenzaron a imitar lo que hacía Jesús.

Jesús también quiere que seamos sus discípulos. No podemos verlo y escucharlo como lo hicieron los primeros discípulos, pero aún podemos acercarnos a Jesús. ¿Puedes pensar cómo podemos hacer eso? Cuando oramos, leemos la Biblia y estamos cerca de otros cristianos nos acercamos a Jesús. Aprenderemos a obedecerle, incluso cuando sea difícil, y trataremos a otras personas de la misma manera en que queremos ser tratados. Cuanto más amamos a Jesús y permanecemos cerca de Él, más desearemos seguirlo.

Jesús, ¡gracias por dejarme ser tu discípulo!
Enséñame a ser como tú.

MANOS A LA OBRA

Juega a seguir al líder con algunos amigos. La persona líder caminará alrededor de un patio de recreo o patio trasero. ¡Tal vez dé grandes saltos o haga movimientos bobos! Todos los demás irán a donde el líder los lleve y todos imitarán todos los divertidos movimientos. Eso es lo que hacemos como discípulos de Jesús: seguir a donde quiera que Él nos lleve y hacer lo que Él hace.

32

IGLESIA

Sustantivo (i-gle-sia)

Todas las personas que creen en Jesús.

Imagina que te *encanta* saltar a la cuerda. De pronto te das cuenta de la mejor noticia que podrías haber recibido: acaba de iniciar un club de salto de cuerda en la escuela, y ¡puedes unirte! Cada semana puedes hacer tu actividad favorita con otras personas que también aman hacer lo mismo que tú. No solo puedes practicar y aprender más trucos para saltar la cuerda, también puedes hacer nuevos amigos.

Cuando pones tu fe en Jesús, puedes unirte a un grupo de personas que están involucradas con el mejor club de todos los tiempos: ¡la iglesia!

La Biblia describe a la iglesia como un grupo de personas, no como un edificio. Después de que Jesús regresó al cielo, todos los que creyeron en Él comenzaron a reunirse con otras personas que también creían en Jesús. Esas reuniones se dieron a conocer como servicios de la iglesia. Ahora, muchos años después, hacemos exactamente lo mismo.

ENCUÉNTRALO

EN LA BIBLIA

HECHOS 3–4, 9, 16, 18

La iglesia primitiva trabajó como un equipo para mostrar amor a la gente y ayudar a los necesitados. José vendió un campo y luego dio todo el dinero a la gente que estaba en necesidad. Tabita hacía ropa para la gente, además, Lidia y Priscila invitaron a personas en sus hogares. Los discípulos enseñaron sobre Jesús y sanaban a las personas. Todos ellos continuaron lo que Jesús había hecho y mucha más gente se unió a la familia de Dios gracias a ellos.

Cuando nos reunimos con personas que creen en Dios, sucede algo realmente especial. ¿Sabes qué es eso tan especial? ¡Nos acercamos a Dios! ¿Cómo? Al adorar juntos, cantando y celebrando quién es Dios, también cuando agradecemos a Dios y pensamos en todo lo que ha hecho decimos: «¡Dios eres asombroso!». Cuando nos reunimos aprendemos más sobre Él y sobre como vivir mejor para Dios. Tomamos la comunión o cena del Señor y hablamos con Dios unidos en oración. También nos ayudamos en los problemas y nos animamos unos a otros. Todo esto nos ayuda a conectarnos con Dios y unos con otros.

Cuando hacemos esas cosas, vivimos como Jesús vivió y mostramos su amor y bondad al mundo. Entonces, más personas llegarán a conocer a Jesús y a unirse a la familia de Dios.

Dios, gracias por hacerme parte de tu familia, ¡la iglesia!

MANOS A LA OBRA

La Biblia dice que el mundo es oscuro pero Dios es luz, y se supone que la iglesia comparte la luz de Dios. Lleva una linterna a una habitación oscura, sin luz solar, y luego enciende la linterna. ¿No es cierto que la linterna hace una gran diferencia? ¡Así es cuando le muestras al mundo quien es Jesús!

33

BAUTISMO

Sustantivo (bau-tis-mo)

Un acto especial con agua que muestra que nos hemos unido a la familia de Dios.

Antes de comenzar un nuevo año escolar o ir al campamento, necesitas escribir tu nombre en todo lo que llevas contigo. ¿Por qué? Para que todos puedan saber a quién le pertenece cada mochila o almohada o la bola de béisbol.

Cuando nos bautizamos se demuestra que pertenecemos a Jesús y a la familia de Dios, la iglesia. Es algo que hacemos para "representar" que estamos conectados a Jesús: estamos conectados con su muerte y resurerección. ¿Qué significa eso? Bueno, la muerte de Jesús pagó el castigo por nuestros pecados, así que ahora somos perdonados porque estamos *conectados con Él*, y algún día volveremos a la vida como lo hizo Él porque estamos *conectados a Él*. ¿No es maravilloso?

El acto especial del bautismo también es una forma de mostrar a las personas, que hemos tomado una decisión importante, que estamos diciendo no al pecado y sí a obedecer lo que Dios nos dice que es una mejor forma de vivir.

ENCUÉNTRALO

EN LA BIBLIA

HECHOS 16; MATEO 28:19

Cuando Pablo y Silas estaban en la cárcel, Dios trajo un terremoto para abrir las puertas de la cárcel. Cuando el carcelero vio que Pablo, Silas, y los otros prisioneros no habían intentado escapar, ¡se sorprendió muchísimo! Luego, escuchó a Pablo y a Silas cuando explicaron cómo Jesús salva a las personas. Entonces el carcelero creyó en Jesús y enseguida fue bautizado, y luego pasó lo mismo con toda su familia. Pablo y Silas obedecían el mandato de Jesús de ayudar a las personas de todo el mundo a creer en Jesús y bautizarlos dentro de la familia Dios.

Bautizarse es como gritar desde los techos: «¡Ahora soy cristiano! ¡Soy parte de esta familia de amor y perdón! ¡Voy a vivir con alegría, paz y esperanza!»

Los bautismos se ven diferentes en diferentes iglesias. Algunos bautizan bebés; otros esperan hasta que la persona sea mayor. Algunos rocían agua en la cabeza de una persona; otros sumerjen todo su cuerpo en agua. De cualquier manera, el agua demuestra que nuestros pecados han sido lavados.

Pero hay una cosa que sucede en el bautismo de cada cristiano: bautizamos a las personas "en el nombre del Padre y del Hijo y el Espíritu Santo" (Mateo 28:19).

Dios, gracias por esta forma especial de mostrar a las personas, que soy parte de tu familia.

MANOS A LA OBRA

Busca unas pulseras que hagan juego para ti y tus mejores amigos, y úsenlas todos los días, o bien utiliza un sello para marcar la mano de cada uno de los miembros de tu familia. Luego toma una foto de todas las manos con el sello juntas. Cuando hacen cosas como estas demuestran que pertenecen el uno al otro de una manera especial, ¡así como lo hace el bautismo!

34

COMUNIÓN

Sustantivo (co-mu-nión)

El acto de recordar a Jesús cuando se come pan y se bebe vino.

¿Cuál es tu comida favorita? ¿Tal vez pizza o macarrones con queso? ¿Quizás galletas o helado? Imagina que tu vecino te sorprende con ese platillo, ¿lo harías a un lado y lo ignorarías? No, empezarías a comer, aceptarías ese bonito regalo y lo pondrías en tu estómago.

Bueno, Jesús nos dio el regalo más especial de todos: el regalo de darse a sí mismo. ¿Recuerdas que Jesús murió para que nuestros pecados pudieran ser perdonados? ¡Eso significa que Jesús dio su vida por nosotros! Y cuando nosotros creemos en Él, aceptamos Su asombroso regalo.

La comunión, o cena del Señor, es una forma de recordar a Jesús y cómo Él dio su vida por nosotros. ¿Sabes cómo empezó? Jesús lo hizo primero con sus discípulos, les dio de comer pan y a beber vino y les dijo: «Este pan es mi cuerpo que doy por ustedes,

ENCUÉNTRALO

EN LA BIBLIA

1 CORINTIOS 11

Los primeros seguidores de Jesús tomaban la cena del Señor a menudo, pero después de un tiempo algunos de ellos comenzaron a hacerlo mal. Traían una gran barra de pan y la engullían mientras otras personas todavía tenían hambre. ¡Y no compartían la comida! Solo podían pensar en sí mismos, no se sentían cerca de Jesús ni de otros. Entonces Pablo dijo: «Asegúrense de que todos tienen la oportunidad de comer el pan y beber el vino. No olviden, la comunión se trata Jesús y su amor». Después de todo, Jesús había dicho: "Cuando coman de este pan, acuérdense de mí" (1 Corintios 11:24 TLA).

este vino es mi sangre que doy por ustedes». Esto pasó la noche antes de que Jesús muriera, por lo que les estaba diciendo: «Les estoy dando *mi vida*, acepten *mi* regalo». Y eso es exactamente lo que los discípulos hicieron cuando comieron el pan y bebieron el vino.

Los cristianos de hoy hacen lo mismo con otros creyentes. Durante la comunión todos nos acercamos a Jesús y sentimos su amor. Recibimos ese regalo y recordamos lo que hizo por nosotros, entonces le ofrecemos un corazón agradecido.

Jesús, acepto tu amor y el regalo de ti mismo. ¡También te quiero!

MANOS A LA OBRA

Elije un refrigerio saludable, luego pídele a un adulto que te ayude a investigar qué nutrientes tienen los alimentos. ¿Cómo ayuda a tu cuerpo? Tal vez hace que tu piel esté sana o los músculos más fuertes. Luego cóme el refrigerio y piensa cómo esa comida te ayuda y te nutre. Al tomar la cena del Señor, la comunión, es como eso... Jesús alimenta tu alma.

35

TESTIGO

Sustantivo (tes-ti-go)

Alguien que ve u oye sobre algo y luego cuenta a otros al respecto.

¿Quién es alguien famoso que te gustaría conocer? Si te encontraras con esa persona, ¿qué harías tú? Probablemente estarías super emocionado y luego le dirías a todos que conociste a la persona!

Como hijos de Dios, sabemos algo realmente emocionante. Sabemos que Jesús dio su vida por nosotros para que nuestros pecados pudieran ser perdonados, y ahora podemos estar cerca de Dios. ¡Eso es increíble! Eso cambia todo para nosotros ya que significa que tenemos un futuro brillante que mirar y que pertenecemos a la feliz familia de Dios.

Eso es mucho más importante que conocer a alguien famoso, ¿no es cierto?¡Así que, por supuesto, queremos contárselo a todos!

Bueno, eso es exactamente lo que Jesús les dijo a sus seguidores que hicieran después de que resucitó. Jesús dijo: «Ustedes

ENCUÉNTRALO

EN LA BIBLIA

HECHOS 4

Dos de los seguidores de Jesús, Pedro y Juan, estaban compartiendo las buenas noticias sobre el amor y el perdón de Jesús con mucha gente. ¡Miles de personas empezaron a creer en Jesús gracias a ellos! Pero el contarle a la gente acerca de Jesús era en contra de las reglas en ese momento, por lo que Pedro y Juan fueron encarcelados. ¡A ellos no les importó! Y dijeron: «Cuando hablamos la verdad de Jesús, obedecemos a Dios. No podemos guardar silencio acerca de lo que hemos visto y escuchado, no podemos guardar silencio sobre lo maravilloso que es Dios!»

vieron todo lo que ha sucedido, entonces son testigos. ¡Ahora vayan y cuénten a todos sobre el amor y el perdón de Dios!»

Desde entonces, la gente ha estado compartiendo el mensaje de Dios para que todos en el mundo puedan escucharlo. Ellos han sido *testigos* a otros de lo que saben acerca de Jesús.

¿Cómo crees que podríamos hacer eso también? Bueno cuando explicamos a otros lo que hemos aprendido de la Biblia acerca de Jesús, o les mostramos el amor de Dios al hacer algo amable o cuidamos de ellos de alguna manera. Hemos descubierto lo maravilloso que es Dios y queremos que otros también se enteren, deseamos ayudar de alguna manera para que otras personas se unan a la feliz familia de Dios.

Dios, quiero ayudar a otras personas a tener lo que me has dado: amor, perdón, alegría y esperanza. Ayúdame a ser un testigo para ti.

MANOS A LA OBRA

Alinea algunas fichas de dominó y luego derriba la primera ficha para que mueva todas las demás. Cuando eres testigo del amor de Dios, eres así como la primera ficha del dominó que toca otro dominó. Tú alcanzas a una persona que conoces con el mensaje de Dios, luego esa persona llega a otra, y así sigue una y otra vez. Tú haces tu parte diciéndole a las personas que conoces acerca de Jesús.

36

OBEDIENCIA

Sustantivo (o-be-dien-cia)

Hacer lo que Dios dice que haga.

Imagina que estás paseando a tu perro y de pronto comienza a gruñirle otro perro e incluso intenta morderlo. Rápidamente gritas: «¡Detente! ¡No!» pero tu perro no escucha, casi lastima al otro perro antes de que logres alejarlo. Después de esta experiencia, le empiezas a enseñar a no volver a hacer eso, eventualmente tu perro aprende a obedecer.

Tú sabes mejor que tu perro lo que es bueno, ¿no es cierto? Muy bien, Dios sabe mejor que nosotros sobre lo que es bueno y necesitamos escucharlo, en lugar de hacer lo que nos apetezca hacer, porque conoce la mejor manera de vivir.

Cuando Dios nos da mandamientos, nos ayuda como un buen maestro. Y cuando le obedecemos, nos trae cosas buenas. Por ejemplo, cuando perdonas a un amigo, te sentirás más cerca de él; o si tú siempre dices la verdad a tus padres, ellos confiarán en lo que dices y estarán orgullosos de ti.

ENCUÉNTRALO

EN LA BIBLIA

DANIEL 3

Sadrac, Mesac y Abednego vivieron en un reino donde el rey ordenó a todos adorar una estatua de él. Estos tres hombres amaban a Dios y sabían que estaba mal adorar a otros. Pero el rey dijo que si alguien no adoraba a la estatua sería puesto en un horno de fuego. Entonces Sadrac, Mesac, y Abednego dijeron: «Nuestro Dios puede salvarnos, pero incluso si no lo hace, no lo desobedeceremos al adorar esa estatua». En aquel momento los metieron en el horno, pero Dios los protegió. ¡Las llamas no los tocaron, y salieron vivos!

Recuerda que no obedecemos a Dios para ser salvos. ¡Obedecemos a Dios para demostrarle que lo amamos! Es nuestra forma de adorarlo y probamos que confiamos en Él.

¿Es difícil obedecer a Dios algunas veces? Sí. Podemos ser los únicos que lo hacen, otras personas pueden menospreciarnos, o quizás preferimos hacer algo más divertido, pero cuando Dios es lo más importante para nosotros, queremos obedecer de todos modos. Y si tenemos problemas obedeciendo, podemos pedirle a Dios que nos ayude, y ¡Él nos ayudará!

Dios, confío en Ti y quiero obedecerte siempre.

MANOS A LA OBRA

Pídele a un adulto que te ayude a preparar galletas para hornear. Tendrás que seguir las instrucciones cuidadosamente. ¿Qué pasaría si pones una taza de sal en lugar de una taza de azúcar? ¡Las galletas sabrían saladas! ¿Qué sucedería si olvidas la harina y el polvo de hornear? Se convertiría en una gran masa sin forma y revuelta! Pero cuando sigues las direcciones, obtienes algo delicioso, galletas crugientes. Obedecer a Dios es así: la vida es mejor cuando hacemos las cosas a Su manera.

37

TENTACIÓN

Sustantivo (ten-ta-ción)

El sentimiento de ser empujado a hacer algo malo.

De pronto se escucha a alguien gritar: «Tiren más fuerte!» Estás en una fila de personas sujetando una soga en el juego de tirar la cuerda. El otro equipo está atrayendo a tu equipo hacia ellos, pero quieres detenerlos y usas todas tus fuerzas para halar la cuerda en sentido contrario.

El juego de tirar la cuerda es como la tentación: te sientes atraído hacia el pecado, y tienes que luchar.

Todos luchan con querer pecar, con querer hacer cosas malas. Tal vez quisiste mentir para evitar entrar en problemas, o has querido ser malo con alguien que te ha lastimado. Puede que no lo parezca, pero siempre tienes una opción: puedes elegir hacer lo correcto todo el tiempo.

Quizás te preguntes: *¿Es la tentación una prueba dura y desagradable de parte de Dios?* ¡Absolutamente no! Son nuestros propios malos deseos los que producen la tentación. Dios nunca está al otro lado de la cuerda, tirando de nosotros hacia el pecado. ¡Él odia el

ENCUÉNTRALO

EN LA BIBLIA

MATEO 4:1–10

Mientras Jesús estuvo en el desierto durante cuarenta días, Satanás estuvo tentándolo a hacer cosas malas. En cada situación, Jesús se defendió hablando palabras de la Biblia. Satanás le dijo: «Demuestra que eres el Hijo de Dios y lánzate de un edificio alto, luego haz que Dios te rescate». Jesús respondió: «¡No! La Escritura dice: “No pruebes a Dios”». Satanás le dijo a Jesús: «Adórame», y Jesús dijo: «¡No! La Escritura dice: “Solo adorarás a Dios”». El poder de las palabras de Dios sobre lo que es correcto y bueno ayudó a Jesús a escapar de la tentación en cada situación.

pecado! Él está de nuestro lado de la cuerda, alejándonos del pecado.

Primera de Corintios 10:13 dice: “Pero Dios es fiel, y no permitirá que ustedes sean tentados más allá de lo que puedan aguantar. Más bien, cuando llegue la tentación, él les dará también una salida a fin de que puedan resistir.”

Dios puede hacerte lo suficientemente fuerte para luchar, y darte fuerzas para alejarte de una situación tentadora o poner tu mente en algo más. Él puede recordarte un versículo de la Biblia, algo bueno y verdadero donde puedes enfocar tus pensamientos en lugar de la tentación. ¡Él no espera que venzas la tentación por tu cuenta! Cada vez que te sientas tentado puedes pedirle a Dios que te ayude a hacer lo correcto.

Dios, gracias por ayudarme a decir no al pecado.

MANOS A LA OBRA

Acerca dos imanes de tal manera que la fuerza entre ellos haga que casi se adhieran entre sí. Esa fuerza entre los imanes es similar a la fuerza que sientes que te atrae a lo malo cuando eres tentado a pecar. Ahora, gira a los imanes y ponlos espalda con espalda de tal forma que la fuerza ahora haga que un imán aleje al otro. De la misma manera, el poder de Dios te ayuda a alejarte del pecado.

38

ORGULLO

Sustantivo (or-gu-llo)

Pensar que eres mejor o más importante que los demás.

De pronto cuando están en el recreo un compañero dice: «Apuesto a que soy el mejor escalador que hay en este lugar». Todos están cerca del gran árbol y les dice de nuevo: «¡Quítense de mi camino! ¡Yo voy primero!». Y el chico comienza a empujar y abrirse paso entre los otros estudiantes.

Tú le gritas: «No es tu turno», pero el chico empuja e intenta trepar al árbol, pero no puede saltar lo suficientemente alto para llegar a la primera rama! ¡Ayayai!

Se podría decir que este chico era orgulloso de una manera egoísta, lo que la Biblia dice que es malo. Una cosa es tener confianza, estar seguros de que podemos hacer algo, ese es del buen tipo de orgullo, como cuando hemos trabajado duro en un proyecto y nos sentimos felices por él.

El orgullo que es egoísta muestra que nos centramos en nosotros mismos. Decimos, «¡Mírenme!» o «¡Soy el mejor!» Siempre presionamos para salirnos con la nuestra, nunca decimos: «lo siento» ni admitimos nuestros errores.

ENCUÉNTRALO

EN LA BIBLIA

DANIEL 4

El rey Nabucodonosor estaba muy orgulloso de su poder y no le importaba evitar el pecado o agradar a Dios o a cualquier otra persona. Fue cruel con la gente y les dijo que lo adoraran. Finalmente Dios dijo: «No puedes ser rey ni podrás *hablar* más. Debes irte del reino y vivir con los animales salvajes hasta que tú cambies tus caminos». Nabucodonosor empezó a comer hierba como una vaca, y sus uñas crecieron tanto que parecían garras de pájaro. ¡En serio! Pues si, debido a que Nabucodonosor no quiso ser humilde por sí mismo, Dios lo puso en una situación que lo *hizo* humilde.

Si actuamos de esta manera, ¿crees que a la gente le gustará estar cerca de nosotros? ¡No! Y probablemente terminemos lastimándonos o avergonzándonos de alguna manera, como el niño que no pudo alcanzar la rama en el árbol.

Ahora, hay algo aún peor sobre el orgullo y es que nos lleva al pecado. Nos concentramos tanto en lo que queremos y en lo que podemos hacer que terminamos pensando: *Yo puedo ser bueno sin necesidad de Dios, no requiero de Su ayuda.*

Por esto Dios nos dice: «Sean humildes». Esto significa que *no* pensemos que somos la persona más importante del mundo, sino por el contrario, reconocemos que Dios es el más importante de todos. También, pensamos en lo que otras personas necesitan y sienten, además dejamos que otros vayan primero en la fila, ¡los animamos y ayudamos!

Dios, eres el más importante, quiero hacer las cosas a tu manera, y sé que necesito tu ayuda.

Manos a la obra

Toma algo de chicle y empieza a masticarlo, luego trata de hacer burbujas con el chicle. Una vez que logres hacer una burbuja grande y fuerte, ¿qué sucede? ¡Explota! Digamos que la goma de mascar es como la gente y el aire dentro de la burbuja es como el orgullo. Llenarse de orgullo siempre lleva a tener problemas, igual que una burbuja que se hace más grande y más grande y luego *¡explota!*

39

FARISEO

Sustantivo (fa-ri-se-o)

Un líder judío centrado en seguir las reglas.

¿Alguna vez has hecho algo bueno por un motivo equivocado? Tal vez seas amable con tu hermano cuando tu mamá está mirando, pero a veces eres cruel con él cuando ella no está cerca. Estás siendo amable solo porque quieres verte bien al frente de tu mamá.

Los fariseos eran algo así. Hacían cosas buenas como orar, delante de la gente para llamar la atención, no porque realmente amaban a Dios. De hecho, pensaron que estaban bien con Dios solo porque seguían un montón de reglas: las reglas de la ley de Dios, más sus propias reglas sobre cómo agradar a Dios. Los fariseos estaban muy orgullosos de ellos mismos y no admitían haber hecho nada malo.

La mayoría de la gente se sorprendía de cuánto obedecían los fariseos a Dios, pero casi nadie podía ver que en sus corazones no amaban

ENCUÉNTRALO

EN LA BIBLIA

LUCAS 18:11–14

Jesús contó una vez una historia sobre un orgulloso Fariseo que se puso de pie y oró: "Oh Dios, te doy gracias porque no soy como otros hombres" (v.11). En cambio, otro hombre se golpeaba el pecho para mostrar que estaba triste y oraba: "¡Oh Dios, ten compasión de mí, que soy pecador!" (v.13). No era tan orgulloso y reconocía cuanto necesitaba a Dios. Y por esto, Jesús dijo que el segundo hombre fue justificado delante Dios.

a Dios realmente. La Biblia dice que los fariseos de manera secreta "se apoderan de los bienes de las viudas" y luego "hacen largas plegarias para impresionar a los demás" (Marcos 12:40).

Por fuera, se veían bien, ¿pero por dentro?, no tanto. Era como si tomaras un plátano que parece perfecto por fuera, pero cuando lo pelas encuentras que el interior está podrido. Jesús les dijo a los fariseos: «Pueden decir cosas que honren a Dios, pero realmente no lo dicen en serio. Ustedes no tienen amor por Dios en su corazón.»

El "actuar bien" nunca puede hacernos justos delante de Dios, somos justos solo cuando confiamos en Jesús. Dios quiere que le obedezcamos porque lo amamos, no para lucir bien.

Dios, quiero ser honesto sobre mis pecados y obedecerte con un corazón amoroso.

MANOS A LA OBRA

Crea una máscara de papel, recorta un par de agujeros para los ojos y dibuja una gran sonrisa en el papel. Ahora ponte la máscara en tu cara y mírate en el espejo. Haz un gesto todo loco debajo de la máscara. Cuando hacemos cosas buenas solo para llamar la atención, no porque nos importe, solo estamos montando un espectáculo. Es como ponerse una máscara y pretender ser algo que no somos.

40

MILAGRO

Sustantivo (mi-la-gro)

Algo que Dios hace para mostrar Su poder.

¿Alguna vez has hecho algo bueno por un motivo equivocado? Tal vez seas amable con tu hermano cuando tu mamá está mirando, pero a veces eres cruel con él cuando ella no está cerca. Estás siendo amable solo porque quieres verte bien al frente de tu mamá.

Jesús también hizo cosas asombrosas, pero no hizo trucos, Él hizo milagros. Cuando estaba en una boda y los anfitriones se quedaron sin vino, convirtió el agua en vino. En un par de ocasiones miles de personas hambrientas no tenían comida, y Jesús hizo el milagro de un montón de comida, y todos comieron mucho. Otros milagros se dieron cuando se encontró con algún ciego, o paralítico, o enfermo, Jesús los sanó. ¡Incluso resucitó a los muertos!

¿Por qué crees que Jesús hizo estos milagros? Bueno, él quería ayudar y cuidar a las personas. También quería que todos vieran Su

ENCUÉNTRALO

EN LA BIBLIA

JUAN 11:1–44

Lázaro, el amigo de Jesús, estaba tan enfermo a punto de morir. Alguien le pidió a Jesús que viniera rápidamente a sanar a Lázaro. Sin embargo, Jesús no llegó de inmediato, porque tenía un plan especial. Cuando Jesús llegó, ya Lázaro tenía varios días de muerto, y todos sus amigos estaban muy tristes. Entonces Jesús sorprendió a todos llamando de la tumba a Lázaro: "¡Lázaro, sal fuera!" (v. 43). Y ¡Lázaro lo hizo! Salió de la tumba caminando y Jesús demostró que era más poderoso que la muerte.

poder y creyeran que Él era el Hijo de Dios. Pero nadie más que Dios podía hacer las cosas que Jesús hizo, eso incluye perdonar pecados y volver a la vida después de haber muerto en la cruz. ¡Esos son los milagros más asombrosos de todos!

Tan solo piensa por un momento en cómo Dios usó Su poder para crear todo el mundo. Ahora piensa en cómo hizo Jesús cada milagro y le dio a la gente un vistazo del poder de Dios. Ese es el mismo poder que Él puede usar *en cualquier* momento para hacer cualquier cosa! Ver su poder nos ayuda a confiar más en Jesús y a tener certeza de que Él cuidará de nosotros.

¡Dios, no hay nadie tan poderoso como tú!
Gracias por los milagros que has hecho.

MANOS A LA OBRA

Encuentra un juguete que utilice baterías. Con ayuda de tus padres, saca las baterías e intenta jugar con él. Quizás puedas encontrar una manera de divertirte, pero el juguete no está haciendo lo que se supone que debe hacer, ¿o sí lo está haciendo? Ahora vuelve a poner las baterías y enciénde el juguete. ¡Ta-da! Ahora ves que tiene poder. Alguna cosa hace que se mueva, haga sonidos o se ilumine. Lo mismo ocurre con los milagros: ellos muestran el poder de Dios.

41

PARÁBOLA

Sustantivo (pa-rá-bo-la)

Una historia que enseña una verdad acerca de Dios.

¿Te gustan los acertijos? Mira si puedes responder a estos: ¿Qué sube pero nunca baja? ¿Qué es algo que te pertenece pero otros lo usan más que tú? Y ¿Qué es tan grande como una jirafa pero no pesa nada? (*Puedes encontrar las respuestas al final de esta sección.*)

Jesús contó historias llamadas *parábolas*, y eran como acertijos porque realmente hacían pensar a la gente. Algunas personas que las escuchaban simplemente se rascaban la cabeza y decían: «¿Eh?» Estas historias les parecían extraños acertijos.

Pero otras personas que estaban escuchando atentamente se dieron cuenta de algo asombroso: ¡las parábolas de Jesús tenían mensajes ocultos! Estas parábolas revelaron verdades importantes acerca de Dios: cómo funcionan las cosas en Su reino y por qué vino Jesús a la tierra. Era como averiguar la respuesta a un acertijo.

ENCUÉNTRALO

EN LA BIBLIA

MATEO 20:1–16

Una de las parábolas de Jesús trata sobre los trabajadores de un viñedo. Algunos de ellos trabajaron mucho tiempo, mientras que otros trabajaron poco tiempo, pero a todos se les pagó la misma cantidad de dinero. Los trabajadores que laboraron mucho tiempo dijeron: «Oye, ¿no merecemos más dinero o algún tipo de ¿trato especial?» Pero la persona a cargo les dijo: «Acá lo que realmente importa es que he decidido ser generoso con todos». Esta parábola significa que las personas que han creído en Dios durante mucho tiempo no son más importantes que los nuevos creyentes. ¡*Todos* en el reino de Dios reciben misericordia! Nadie debería actuar como si fuera mejor que otro.

Una parábola trataba de un hombre que tenía cien ovejas. ¡Uy, este hombre amaba a esas ovejas! Un día una de las ovejas se perdió. ¿Crees que el hombre dijo: «Ni modo» y se olvidó de esa oveja? ¡De ninguna manera! Salió a buscarla. Y cuando encontró a la oveja perdida que amaba, se emocionó mucho. ¡Él probablemente bailó de alegría!

¿Cuál fue la verdad escondida dentro de esta parábola? Que Dios no quiere que ninguno de sus hijos se *pierda* y que Jesús vino a la tierra para llevarlos a casa, al igual que el pastor de la historia!

Dios, quiero aprender todo sobre ti y sobre tu reino.
Ayudame a entender cada verdad importante en la Biblia.

Respuestas: tu edad; tu nombre; la sombra de una jirafa.

MANOS A LA OBRA

Pon una sorpresa divertida dentro de un sobre (tal vez algunas pegatinas o un dibujo divertido) junto con una nota y dásela a un amigo. Cuando vea el sobre pensará, *me pregunto qué hay dentro del sobre.* Cuando lo abra, descubrirá qué es. Lo mismo ocurre cuando escuchamos las parábolas de Jesús, primero nos preguntamos cuál es el mensaje oculto y luego aprendemos lo que significa.

42

SABIDURÍA

Sustantivo (sa-bi-du-ría)

La capacidad de saber y hacer lo que Dios dice que es correcto.

De pronto gritas: «¡Esto es genial!» mientras sostienes tu nuevo juguete, un helicóptero a control remoto. Quieres empezar a jugar con él, pero no sabes cómo funciona. ¿Cómo lo puedes averiguar? ¡Leyendo las instrucciones! Ellas están escritas por la gente que hizo el juguete.

Dios nos da algo así como instrucciones para la vida, y se llama sabiduría. La sabiduría viene de Dios porque Él nos hizo y sabe lo que es mejor para nosotros.

La sabiduría nos guía para hacer lo correcto y nos impide cometer errores que lastiman a otros y a nosotros mismos. Nos protege y trae cosas buenas a nuestras vidas.

Por ejemplo, Dios dice que es prudente tener cuidado con lo que decimos. ¿Qué pasaría si siempre le respondieras de manera irrespetuosa a tu maestro y le dijeras palabras ofensivas a tus amigos? Terminarías en problemas y tus amigos no querrán pasar

ENCUÉNTRALO

EN LA BIBLIA

MATEO 7:24–27

Jesús contó una historia sobre dos hombres que construyeron sus casas. Un hombre imprudente construyó la casa sobre la arena, y tan pronto como llegó una tormenta, la casa se derrumbó estrepitosamente. El otro hombre era sabio y construyó su casa sobre una roca, entonces cuando llegó la tormenta su casa se mantuvo firme. Luego Jesus dijo que cualquiera que escuchara Sus enseñanzas y las ignora actúa de manera insensata e imprudente, y sería como el hombre que construyó sobre la arena. Pero Jesús también dijo que la gente que le escucha y hace lo que Él dice es sabia, como el hombre que construyó su casa sobre la roca.

tiempo contigo, pero ¿qué sucedería si en cambio, hablas palabras respetuosas, amables y amorosas? Pues bueno, ¡entonces tendrías mucha felicidad y diversión con tu profesor y amigos!

Dios nos dice: "No abandones nunca a la sabiduría, y ella te protegerá; ámala, y ella te cuidará. La sabiduría es lo primero" (Proverbios 4: 6–7).

¿Cómo crees que podemos obtener sabiduría? ¡Podemos obtener sabiduría cuando leemos la Biblia y con solo pedirla! La Palabra de Dios dice que si necesitamos sabiduría, debemos pedirla a Dios, y Él nos la dará (Santiago1:5). Dios mismo nos ayudará a comprender lo que es realmente importante, todo lo que es verdadero y mejor, cuando tomamos decisiones en la vida.

Dios, hazme sabio como tú.

MANOS A LA OBRA

La próxima vez que veas una película, fíjate si puedes ver a alguien haciendo lo que Dios dice que es sabio. Tal vez los personajes de la película nunca digan nada malo, aún cuando se sientan enojados o tristes, o quizás ellos trabajan duro en lugar de ser vagos. Puede que escuchen el consejo de las personas sabias en lugar de solo hacer lo que quieran. Luego, mira si puedes detectar si a las personas que toman decisiones acertadas les sucede algo bueno después.

43

PAZ

Sustantivo (paz)

Un estado de vida sin temor o peleas.

Estás en tu sala de estar, la televisión a todo volumen, tu hermana está tocando la guitarra, y tu hermano grita: «¡Boom!¡ Boom!» mientras choca entre sí los autos de juguete. El ruido es super fuerte, pero entonces decides salir de tu casa y ¡ah!... ¡Todo es tan pacífico!

En la Biblia, la paz en realidad significa más que tranquilidad, ya que puede significar que algo está "completo o terminado de manera integral". Implica tomar algo roto o estropeado y arreglarlo, por ejemplo, cómo cuando reparas la valla de tu vecino que tu perro derribó.

Podemos tener varios tipos de paz: paz con los demás, paz con Dios y paz en nuestros corazones.

La paz con los demás es cuando nos llevamos bien con las personas. Nosotros no peleamos, y nos perdonamos unos a otros cuando nos equivocamos.

La paz con Dios es algo que tenemos a través de Jesús. Después de que el pecado rompió nuestra relación con Dios, Jesús abrió un

ENCUÉNTRALO

EN LA BIBLIA

MATEO 8:23–27

Un día cuando Jesús y sus discípulos iban en un barco, una gran tormenta les golpeó. Las olas se levantaron y empezaron a entrar en el barco, los discípulos estaban realmente asustados, pensaban que se ahogarían, especialmente porque Jesús ¡estaba dormido! Después de que lo despertaron, Jesús ordenó al viento y al mar que se calmaran y el viento y el mar *se calmaron*. Jesús demostró que Él tiene el poder de traer paz a cualquier situación, ya sea tormenta salvaje o un corazón asustado.

camino para que nuestros pecados fueran perdonados. Jesús nos vuelve a justificar ante Dios y trae paz a esa relación.

También podemos recibir el regalo de la paz de Dios en nuestro corazón. Todos nos sentimos preocupados, asustados o enojados en algún momento, pero Jesús nos dice: «No tengas miedo, te daré mi paz. ¡Confía en mí!»

Cuando nos sentimos afectados por algo, podemos orar: «Dios, estoy preocupado acerca de...» o «Tengo miedo de...» ¿Y sabes qué? Después de orar nos vamos a sentir más tranquilos. Es como sentirse abrumado en una habitación ruidosa y luego salir de ella. Recordaremos que el poder de Dios es más grande que todo lo que pueda suceder, incluso es más grande que nuestros problemas. Y Dios nos dará una paz que ni siquiera podemos entender, esa paz se convertirá como un escudo que protege nuestro corazón y nuestra mente.

Dios, gracias por traer paz a mi vida.

MANOS A LA OBRA

En una piscina, bañera o lavabo lleno de agua, muéve tus manos hacia arriba y abajo en el agua hasta que logres hacer grandes olas (solo asegúrate de no derramar el agua). Luego, deja de moverte y quédate muy quieto. El agua se calmará y se aquietará, de la misma manera en que Jesús te puede traer paz.

44

GOZO

Sustantivo (go-zo)

Una alegría sobre Dios y su bondad.

Imagina tener un mal día. Un amigo no fue amable contigo, te lesionaste durante el partido de fútbol y tu equipo perdió, te sientes triste. Sin embargo, mientras te diriges a casa, piensas en las cosas buenas que encontrarás allí: padres que te aman, una mascota con la que puedes jugar, una deliciosa cena y una cómoda manta, de pronto empiezas a sentirte mejor. Aunque las cosas malas del día no desaparecen mágicamente, las cosas buenas todavía pueden hacerte feliz.

El gozo de Dios es algo así, podemos tenerlo en cualquier momento, sin importar lo mal que se pongan las cosas. ¡Él siempre nos da motivos para alegrarnos! Él nos ama y nos salva del pecado, es fuerte y nos cuida, Él hizo un mundo hermoso lleno de cosas para aprender, lugares para explorar y gente para disfrutar. Él siempre está con nosotros y promete llevarnos al cielo.

¿Esas cosas buenas desaparecen cuando nos sentimos tristes? ¡No! Dios es bueno y maravilloso todo el tiempo.

ENCUÉNTRALO

EN LA BIBLIA

FILIPENSES 1–4

Pablo fue encarcelado por hablarle a las personas de cómo Jesús podía salvarlos de sus pecados. ¿Y Pablo dijo: «Ya no puedo ser feliz porque estoy en prisión. ¡Esto es demasiado horrible!»? No, él seguía pensando en el amor de Dios y en las cosas buenas que Dios le había mostrado y entonces Pablo dijo: «Puedo estar triste pero aún tener gozo». Él escribió cartas a la gente, alentándoles para que confíen en Dios y se alegren.

Entonces Dios puede darnos gozo, pero ¿cómo? Bueno, a veces llega cuando notamos cosas buenas a nuestro alrededor. Como si tomas un paseo al aire libre, y piensas en lo mucho que te gusta lo que ya ves, las flores coloridas, animales e insectos variados, gente a la que puedes saludar, y te sientes feliz.

Otras veces tenemos gozo cuando oramos o leemos la Biblia, damos gracias a Dios por las cosas buenas y nos alegramos de ser amigos. Y si todavía nos sentimos estancados sin alegría, podemos pedirle a Dios que nos dé gozo.

¿Y sabes qué? A medida que tengamos más del gozo de Dios en nuestros corazones, descubriremos algo más que es asombroso: Su gozo nos hace fuertes.

¡Dios, me das gozo y haces feliz a mi corazón!

MANOS A LA OBRA

Alinea algunos malvaviscos grandes, ponlos en una fila. Busca algunas rocas lisas de la misma forma que los malvaviscos y ponlas en línea también. A continuación, presiona los malvaviscos tan fuerte como puedas, luego haz lo mismo con las rocas. Esos malvaviscos fueron aplastados, pero las rocas permanecieron igual, no cambiaron. Cuando tenemos el gozo de Dios, somos fuertes como esas rocas. ¡Las cosas difíciles de la vida no eliminan esa alegría!

45

ESPERANZA

Verbo (es-pe-ran-za)

Creer que hay cosas buenas para el futuro.

«¡Mañana será maravilloso!» ¿Alguna vez has dicho eso antes de un día súper divertido? Tal vez ibas a tener una gran fiesta de cumpleaños, y no podías esperar a ver todos tus amigos y compartir un pastel de cumpleaños.

Esa emoción y felicidad por lo que se avecina se llama *esperanza*. Tener esperanza en Dios significa que esperamos con ansias que Dios haga todas las cosas buenas que ha prometido hacer.

¿Por qué tenemos esperanza? ¿Es porque tenemos una personalidad alegre? No. ¿Es porque podemos ver señales de que hay cosas buenas que vienen en camino, como cuando vemos la forma de un capullo de flor en una rama y muestra que se acerca la primavera? No, otra vez. Tenemos esperanza porque confiamos en quién es Dios. Confiamos en todo lo que dice porque siempre dice la verdad, y Él nos dijo que se avecina algo realmente maravilloso.

Primera de Pedro 1:3-4 dice: "Esto nos da una esperanza viva, y hará que ustedes reciban la herencia que Dios les tiene guardada en el cielo..." (DHH).

ENCUÉNTRALO

EN LA BIBLIA

LUCAS 8

Una mujer que había estado enferma durante doce años vio a Jesús en una multitud de personas. Ella había oído hablar de Su poder, y ella pensó: *si hay algo o alguien que puede sanarme es Jesús.* Y así, con esperanza en su corazón, la mujer se acercó a Él. Cuando estaba justo detrás de él, ella tocó Su manto, solo el borde del manto. ¿Sabes qué pasó? ¡Tan pronto como ella lo hizo, el poder de Jesús la sanó!

¿Cuáles son estas bendiciones? Pues son un poco locas de imaginar: podremos resucitar los muertos, tal como lo hizo Jesús; además nosotros llegaremos a ser como Él: santo, puro y amoroso; vamos a ir a un nuevo hogar en el cielo, donde siempre sentiremos el amor de Dios y seremos felices.

Básicamente, Dios se va a llevar todo lo que está mal y va a hacer que todo sea bueno de nuevo. ¿tú sabes como es que un rasguño en tu rodilla desaparece después de que sana? Pues Dios va a sanar al mundo entero de todas las formas en que el pecado lo ha lastimado. Eso significa que nadie nunca más va a ser malo o hacer que otros se sientan tristes o asustados. Nada se va a estropear, nadie se enfermará y todos serán amigos. Dios nos dice: «Puedes contar conmigo porque voy a hacer que sucedan cosas maravillosas. Así que anímate, ¡te va a encantar lo que haré!»

Dios, mi esperanza está en ti. Gracias por darme tantas cosas que deseo ver!

MANOS A LA OBRA

Planta una semilla en la tierra y luego riégala de manera regular. Mientras aguardas a que crezca, deseas mucho de ver florecer la semilla, estás esperando.

46

AMOR

Verbo (a-mor)

Desear cosas buenas para otros y trabajar para hacerlas una realidad en sus vidas.

Cuántas veces decimos: «¡Amo la pizza!», «¡amo esta canción!», «¡amo este juego!» Todo el tiempo expresamos que amamos cosas, ¿no es cierto? Lo que nosotros queremos decir en realidad es que estas cosas son divertidas, deliciosas, o son nuestras favoritas. Pero amar a la manera de Dios significa mucho más que eso.

La Biblia dice que Dios *es* amor. Eso significa que él es completamente amor y él nos muestra como es el verdadero amor. Cuando amamos una canción o algún platillo, ese amor no está cerca en lo más mínimo a lo grande que es el amor de Dios. Trata de pensar o imaginar la cosa más grande del mundo, pues bien, el amor de Dios es mucho más grande que eso. ¡Su amor permanece para siempre y es eterno! Nada puede detener su amor o alejarnos de ese amor.

Y eso incluye nuestro pecado. Primera de Juan 4:9 dice: "Dios mostró su amor hacia nosotros al enviar a su Hijo único al mundo para que tengamos vida por él" (DHH). Nosotros no nos ganamos su amor, Él solo lo da porque se preocupa y cuida de nosotros.

ENCUÉNTRALO

EN LA BIBLIA

RUT 1–4

Noemí estaba muy triste después de que su marido y sus hijos murieron. Ella tuvo que irse de donde estaba y se sentía sola. Entonces Rut, la esposa de uno de los hijos de Noemí, le dijo: «Iré contigo, te ayudaré y seré tu amiga para siempre». Entonces, Rut dejó su casa y sus amigos, dejó todo lo que le era familiar por acompañar a Noemí. Después cuando llegaron al nuevo lugar donde iban a vivir, Rut trabajó en los campos para proporcionar comida para Noemí. Rut se encargó de Noemí y mantuvo su promesa, todo ¡porque ella amaba a Noemí!

Dios muestra su amor al darnos cosas buenas, pero Él aún va más allá de eso y pone Su amor *dentro* de nuestros corazones. Imagina que el amor de Dios es como una gigantesca cascada y tu corazón es una pequeña taza. ¿Que sucedería si esa taza se queda bajo la cascada? Se llenaría, y se ¡desbordaría! Cuando Su amor se desborda en nuestros corazones podemos darlo a los demás.

Y exactamente, ¿cómo podemos demostrar amor? Tal vez al compartir nuestro almuerzo con un amigo o al limpiar la cocina después de la cena, también cuando decimos: «lo siento» y «te perdono», o cuando alentamos a las personas que nos rodean y no las abandonamos cuando las cosas se ponen difíciles.

¡Porque Dios nunca nos abandona!

Dios, gracias por darme tu maravilloso amor.

MANOS A LA OBRA

Coloca una taza dentro de una bandeja grande para hornear. Luego, toma una jarra de agua y viértela en la taza hasta que se desborde. Así es como Dios puede llenar nuestros corazones, es tanto su amor que se desborda y entonces podemos compartirlo con otros.

47

OBRAS

Sustantivo (o-bras)

Las cosas buenas que nosotros hacemos para agradar a Dios.

Una mañana, te acercas y lleno de entusiasmo gritas: «¡Sorpresa!» mientras le traes el desayuno a tu mamá. Ella todavía está en la cama y te sonríe. Luego le dices: «Tú haces mucho por mí, por lo que *yo* quiero hacer algo para *ti*.»

Cuando tenemos amor real en nuestros corazones, lo mostramos con las cosas que nosotros hacemos. Sucede lo mismo cuando tenemos una fe real en Dios, lo probamos con nuestras acciones.

Ahora, ¿somos salvos de nuestros pecados debido a que hacemos buenas obras? ¿Es de esa manera cómo nos hacemos justos delante de Dios? ¡No! Sólo somos salvos por la gracia de Dios, pero una vez que nos unimos a la familia amorosa de Dios, *queremos* hacer buenas obras. Conocer a Dios nos cambia por dentro.

Todos queremos hacer sonreir a Dios y ser como Él. Todos queremos llevar comida a los hambrientos, aprender sobre la Biblia, ser pacientes con nuestra hermana, o ayudar en la iglesia.

ENCUÉNTRALO

EN LA BIBLIA

MATEO 21:28–32

Jesús contó una historia sobre lo importante que son nuestras acciones. Un padre dijo a sus dos hijos que fueran a trabajar en su viñedo. El primer hijo dijo: «No voy a ir», pero luego se dio cuenta de que eso estuvo mal, así que fue e hizo el trabajo que su padre le había pedido. El segundo hijo le dijo al padre: «Sí, señor, iré a trabajar», pero ¡él nunca fue! Entonces Jesús preguntó: «¿Cuál hijo obedeció al padre?» La respuesta correcta es que el primer hijo fue quien obedeció. Entonces, la historia nos enseña que mostramos nuestro amor con lo que hacemos, no solo con lo que decimos.

En Efesios 2:10 encontramos esto: "pues es Dios quien nos ha hecho; él nos ha creado en Cristo Jesús para que hagamos buenas obras, siguiendo el camino que él nos había preparado de antemano" (DHH). Fuimos hechos por Dios para llevar a cabo estas cosas buenas, al igual que los pinceles fueron hechos para pintar y los columpios fueron hechos para balancearnos.

Estas obras también muestran al mundo cómo es Dios. Podríamos pensar que las buenas obras son como los fuegos artificiales brillando en el cielo. Las obras hacen al mundo más brillante, y cuando la gente las mira, ¡verán cómo es Dios de maravilloso! Además Dios incluso usará tus buenas obras para que seas parte de Su obra que es realmente grande: ayudar para que otras personas sientan Su amor y se hagan amigos de Dios.

Dios, ayúdame a mostrar mi amor y fe,
al hacer cosas que te hagan sonreír.

MANOS A LA OBRA

Toma un vaso con agua y agrega colorante de alimentos, luego coloca un tallo de apio en el vaso y déjalo durante la noche. A la mañana siguiente, ¡el apio habrá cambiado de color! El apio tendá el color del colorante que pusiste en el agua. Esa mezcla es como se combinan nuestro amor y fe en nuestros corazones, y se dejan ver en nuestras acciones, eso cambia lo que hacemos.

48

HONOR

Verbo (ho-nor)

Demostrar a alguien que es importante.

¿Qué pasa si entras a la oficina de la directora y comienzas a saltar sobre su escritorio y a exigir aperitivos? ¿A la directora le gustaría eso? ¡De ninguna manera! Sería de mala educación y es una tontería tratar a alguien de esa manera, especialmente si ese alguien tiene un cargo en la escuela o algún otro lugar. Entonces, ¿qué es lo que deberías hacer cuando la directora está cerca tuyo? Pues debes honrarla, lo que significa que le muestras que es importante, al escucharla y hacer lo que ella dice.

La Biblia nos dice que honremos a Dios, a nuestros padres y a otras personas que estén a cargo obedeciéndoles. También nos dice que honremos a *todos*. ¡Esa es mucha gente! ¿Cómo hacemos eso? Bueno, mira lo que dice Filipenses 2:3: "No hagan nada por egoísmo o vanidad; más bien, con humildad consideren a los demás como superiores a ustedes mismos".

ENCUÉNTRALO

EN LA BIBLIA

LUCAS 7:36–50

Un día, Jesús fue a la casa de alguien que lo invitó a cenar. Aunque era un invitado, nadie lo trató como si lo fuera. Normalmente el anfitrión de la fiesta besaría la mejilla del invitado, pondría aceite en su cabeza y se asegúraría de que sus pies estuvieran lavados. Pero ninguna de estas cosas sucedió con Jesús. Entonces una mujer lo sorprendió haciendo algo muy especial para honrarlo. Ella lavó los pies de Jesús, los secó con su cabello y los besó. Luego sacó un elegante frasco de perfume que costaba un mucho dinero y derramó el perfume en los pies de Jesús. Ella hizo más de lo que nadie esperaba, solo porque amaba mucho a Jesús.

Dios quiere que pensemos en otras personas, no solo en nosotros mismos. Quiere que nos ocupemos de las necesidades y sentimientos de otras personas, antes de pensar en nosotros.

¿Eso significa que seamos agresivos, gruñones o groseros? ¡No! ¿Eso significa que nos quejemos de lo que la gente hace o que los humillemos? ¡No!

En cambio, debemos tratar a los demás con respeto y con buenos modales. Escuchamos a los otros y hacemos cosas para ayudarles, e incluso hacemos más de lo que esperan de nosotros. Podríamos sostener la puerta abierta para una larga fila de personas, o escribir una nota de agradecimiento para el conserje de la escuela. Queremos que la gente que nos rodea se sienta especial y amada porque *son* amados, ¡Dios los creó y los ama!

Dios, ayúdame a mostrar respeto y honor por ti y por otras personas.

MANOS A LA OBRA

La próxima vez que la mesa de la cocina necesite ser limpiada, comienza a hacerlo sin que te lo pidan. ¡Luego limpia también el piso de la cocina! Cuando hagas esto estarás honrando a tu familia.

49

CARÁCTER

Sustantivo (ca-rác-ter)

Quien eres realmente por dentro.

Si un amigo te describiera, ¿qué diría de ti? Quizás diría que tienes el pelo largo y usas anteojos, o que te encanta andar en bicicleta, o casi siempre estás riendo. Todas esas cosas son formas de describir quién eres.

Pero si alguien quisiera saber cuál es tu carácter, tendría que mirarte de cerca y ver cómo actúas, cómo tratas a las personas, qué tipo de actitud tienes y si sigues las reglas. Tu carácter es quién eres por dentro, y lo demuestras con tus elecciones.

¿Cómo es el carácter de Dios? Es cariñoso, paciente y amable, también es fuerte, sabio y justo, además es leal, honesto y perdonador. ¿Cómo podemos saber que Dios es así? Porque Dios lo demuestra con lo que hace.

Dios quiere ayudarnos a cambiar de tal manera que nuestro carácter sea como Su carácter. Dios quiere que: "sepan escoger siempre lo mejor" (Filipenses 1:10, DHH). Por ejemplo, si nuestros

ENCUÉNTRALO

EN LA BIBLIA

1 SAMUEL 16

Dios le dijo a Samuel: «He elegido a uno de los hijos de Isaí para que sea el nuevo rey. Ve y te mostraré a cuál he escogido». Samuel fue a donde Isaí y vio a ocho hijos. Pensó que Dios señalaría uno de los hijos que se veía grande y fuerte, pero Dios en cambio eligió al más joven, al que no parecía tan especial. ¿Por qué? Porque "La gente se fija en las apariencias, pero yo me fijo en el corazón" (1 Samuel 16:7 NVI). Dios pudo ver lo que estaba en el corazón de David, y eso es lo que importaba más.

amigos quieren que robemos dulces, junto con ellos, pues nosotros sabemos que está mal y no lo haremos.

Tener un buen carácter significa hacer lo correcto incluso cuando las cosas se pongan más difíciles para nosotros. Tener un buen carácter es hacer lo bueno aún cuando seamos los únicos que lo hacen, o aún cuando solo Dios pueda vernos. ¿Por qué es un buen carácter? Porque no estamos haciendo lo correcto para que la gente sea como nosotros. Hacemos lo que es justo porque nos preocupamos por lo que es ¡correcto! Somos fuertes, honestos y amorosos por dentro, así actuaremos de esa manera en cada situación.

Dios, haz mi carácter, todo lo que soy por dentro, más como tú.

MANOS A LA OBRA

Toma algunos algunos crayones sin cobertura de papel y algunos lápices regulares. Luego toma una caja de cartón, y pega los crayones y los lápices al fondo de la caja. Deja que el pegamento se seque. Después, con la ayuda de uno de tus padres, utiliza un secador de pelo a máxima temperatura y sopla aire caliente sobre los crayones y los lápices durante varios minutos. ¿Qué sucede? Los crayones comienzan a derretirse mientras que los lápices permanecen igual. Cuando tenemos un buen carácter, somos como los lápices. ¡Podemos soportar el calor! Seguiremos haciendo lo correcto incluso cuando sea difícil.

50

PERSEVERANCIA

Sustantivo (per-se-ve-ran-cia)

El poder de seguir adelante, incluso cuando es dificil.

¿Alguna vez has corrido en una carrera? Todos se paran en el punto de partida, de pronto alguien grita: «¡En sus marcas, listos, fuera!» Y ¡pum! todos corren hacia la línea de meta!

Vivir una vida de fe en Dios es como una carrera. El punto de partida es cuando creemos en Jesús por primera vez, y la meta es cuando estemos en el cielo. Entre esos dos puntos, mostramos nuestra fe al obedecer a Dios, pero no es una carrera corta y habrá momentos en los que sentiremos que ya no podemos más.

Algunas veces la gente se burlará de nosotros por que estamos obedeciendo a Dios, o seremos los únicos en hacer lo correcto. Pero no podemos permitirle a nadie que nos empuje a darnos por vencidos, de la misma manera en que Jesús no lo permitió. ¿Alguna vez las personas fueron malas con Jesús porque estaba obedeciendo a Dios? Sí, lo fueron, ¿pero eso hizo que Jesús se rindiera? ¡No!

A veces nos sentiremos tentados a ser egoístas y a simplemente hacer lo que nos apetezca. Cuando eso suceda, ¿cuál es nuestro

ENCUÉNTRALO

EN LA BIBLIA

HECHOS 14, 16, 27; 2 CORINTIOS 11

A menudo, Pablo estaba en peligro mientras viajaba para contarle a las personas acerca de Jesús. La gente a la que no le gustó su mensaje lo lastimó, le tiraron piedras a él o lo pusieron en la cárcel. Varias veces el barco en el que viajaba Pablo se estrelló. Pero incluso cuando las cosas se pusieron difíciles, Pablo siguió obedeciendo a Dios. Al final de su vida, Pablo dijo: "He peleado la buena batalla, he terminado la carrera, me he mantenido en la fe. Por lo demás me espera la corona..." (2 Timoteo 4: 6–8).

trabajo?¡Ser perseverantes! Nunca dejar de seguir a Dios, nunca dejar de obedecerle. Y no te preocupes, ¡no tenemos que hacerlo solos! Siempre podemos orar y pedirle a Dios que nos ayude.

Dios permite los problemas y las cosas difíciles en nuestras vidas porque son oportunidades para que crezcamos. Cuando tenemos esas situaciones ponemos en práctica la confianza y la obediencia, y cada vez que lo hacemos, nos hacemos más fuertes y más pacientes.

Así que seguimos corriendo en la carrera porque nos dirigimos a una impresionante línea de meta: ¡el cielo! El cielo será tan hermoso, con calles de oro y puertas de perlas, y Dios le dará a su pueblo recompensas, como coronas. ¿Pero cuál será la mejor parte? ¡Estaremos con Él!

¡Dios, ayúdame a tener perseverancia para que nunca renuncie a obedecerte!

MANOS A LA OBRA

La próxima vez que tengas que hacer alguna tarea que no te guste, como cepillarte los dientes, piensa que es como un desafío. Hazlo porque sabes que recibirás una recompensa, ¡no tendrás caries! Mientras lo haces todos los días, piensa que estás en una larga carrera de hacer lo correcto.

51

VOLUNTAD

Sustantivo (vo-lun-tad)

~

Un plan o deseo de lo que debería suceder.

Toda la semana tú y tu mejor amigo hacen planes para el sábado. Ustedes van a andar en bicicleta y luego van a jugar su juego favorito mientras escuchan música con el volumen alto y comen palomitas de maíz y galletas. Es un plan increíble y no puedes esperar.

Dios tiene un plan perfecto para el mundo y para todos en él, y se llama Su *voluntad*. Esta voluntad es lo que Dios quiere para Su creación. Él hace que Su plan se lleve a cabo y, a veces, Él usa a personas para que el plan suceda.

Jesús dijo que vino a la tierra para hacer lo que su Padre quería y enseñó a sus discípulos a orar para que se cumpliera la voluntad de Dios diciendo: "Venga tu reino, hágase tu voluntad, en la tierra como en el cielo" (Mateo 6:10). Eso significa: "Ven a hacer lo que siempre haces: lo que es correcto y lo que es mejor. ¡Queremos lo que Tú quieras, Dios! Ayúdanos hacer lo correcto también".

ENCUÉNTRALO

EN LA BIBLIA

MATEO 26

Cuando llegó el momento de que Jesús se preparara para ir a la cruz, había una parte de Él que no quería hacerlo. Jesús sabía que sería extremadamente doloroso. Luego Él le dijo a Dios Padre: "Pero no sea lo que yo quiero, sino lo que quieres tú." (v. 39). Eso significaba: "que no se haga lo que yo quiero, sino lo que quieres tú" (DHH). Jesús estaba diciendo que sí al plan de Dios. Él decidió que haría cualquier cosa que Dios dijera que era lo mejor.

Nosotros podemos aprender sobre la voluntad de Dios en la Biblia. Dios quiere que las personas puedan decir: «¡Soy libre del pecado gracias a Jesús!» Él quiere que la gente tenga corazones felices y puedan decir: «Gracias, Dios, por el sol y las fresas, gracias por los abrazos!» Dios quiere que las personas se conviertan en superhéroes de la justicia y que digan: «Hagamos que esto sea justo.» Dios desea personas que traigan la paz diciendo: «Te perdonaré», y personas que iluminan el mundo diciendo: «Yo ayudaré» y «Yo te amo».

Dios también tiene un plan perfecto que es solo para ti. Él quiere hacer que la historia de tu vida encaje en Su gran historia del mundo. Dios te dice: "Te guiaré por el mejor sendero para tu vida" (Salmo 32:8 NTV). ¡Dios tiene algo maravilloso en mente para ti! Y estará contigo en cada paso del camino.

Dios, gracias por Tus planes perfectos.

MANOS A LA OBRA

Utiliza papel y lápiz para hacer un diseño. Luego, toma crayones o marcadores, y coloréa el diseño siguiendo las líneas de tu dibujo a lápiz. Tus líneas de lápiz eran el plan, como la voluntad de Dios. Tus marcas de color siguieron el plan, al igual que cuando obedecemos y hacemos lo que Dios quiere.

52

GLORIA

Sustantivo (glo-ri-a)

La demostración del poder, la belleza y perfección de Dios.

¿Alguna vez te has sentado quieto y has mirado al cielo por un tiempo? Tal vez viste nubes hinchadas moviéndose rápidamente o una puesta de sol con colores brillantes. El cielo es tan grande y hermoso que a menudo nos hace decir: «¡Guau!»

El Salmo 19:1 dice: "Los cielos cuentan la gloria de Dios, el firmamento proclama la obra de sus manos". Los cielos muestran cuán hermoso y poderoso es Dios, ¿no es cierto?

Siempre que vemos señales de cómo es Dios, estamos viendo Su gloria y percibimos cómo es estar con él cara a cara. Eso nos hace decir: «¡Guau!»

Somos parte de la creación de Dios, Él nos hizo, por lo que también podemos "contar la gloria de Dios". ¿Qué significa exactamente eso? Significa que podemos ayudar a las personas a ver la grandeza de Dios. Por supuesto que nosotros no lo haremos de la misma manera en que el hermoso cielo lo hace, sino que lo haremos por la forma en que vivimos.

ENCUÉNTRALO

EN LA BIBLIA

LUCAS 2:8–14

Después del nacimiento de Jesús, un ángel del Señor visitó a unos pastores. La gloria del Señor brillaba alrededor, y los pastores se asustaron porque era muy extraño y poderoso. Pero entonces el ángel les dijo: "No tengan miedo. Miren que les traigo buenas noticias que serán motivo de mucha alegría para todo el pueblo. Hoy les ha nacido en la Ciudad de David un Salvador...De repente apareció una multitud de ángeles del cielo, que alababan a Dios y decían: 'Gloria a Dios en las alturas...'" (vv.10-11, 13-14).

Cuando obedecemos a Dios y vivimos como Jesús, mostramos la bondad de Dios. Cuando estamos agradecidos por todo lo que ha hecho por nosotros, estamos apuntando a Su bondad. Cuando adoramos a Dios de alguna manera, es como si estuviéramos diciendo: «¡Mira lo asombroso que es! ¿Puedes ver como todo lo bueno y todas las cosas maravillosas vienen de Él? Él merece la alabanza del mundo entero, Él es digno del amor y la lealtad de todos».

En el cielo, estaremos cara a cara con Dios y veremos aún más de Su gloria allí. Será tan asombroso que seguiremos diciendo: «¡Guau! ¡Guau! ¡Guau!»

Dios, quiero que mi vida muestre a todos Tu gloria para que sepan lo maravilloso que eres.

MANOS A LA OBRA

Con la ayuda de tus padres busca revistas con imágenes de la creación de Dios: el cielo, mares, lagos, montañas, árboles, bosques, flores, animales e insectos. Recorta las imágenes que te gusten más y pégalas en un cuaderno en blanco. Ahora, piensa por un momento: Dios ha hecho todas estas cosas tan especiales. ¡Y son increíbles! Pero, ¡el Dios que las hizo es aún más increíble!

DEFINICIONES

ADORACIÓN: Dar alabanza y honor.

AMOR: Desear cosas buenas para otros y trabajar para hacerlas una realidad en sus vidas.

BAUTISMO: Un acto especial, donde se utiliza agua y donde demostramos que nos hemos unido a la familia de Dios.

BIBLIA: La historia y el mensaje escrito de Dios para nosotros.

CARÁCTER: Quien eres realmente por dentro.

CIELO: Hogar y reino de Dios.

COMUNIÓN: El acto de recordar a Jesús cuando se come pan y se bebe vino.

CONFESAR: Admitir las cosas equivocadas que hemos hecho.

CREACIÓN: El acto de Dios de hacer algo nuevo.

DISCÍPULO: Un estudiante que aprende y se vuelve como el maestro al que sigue.

ESPERANZA: Creer que hay cosas buenas para el futuro.

ETERNO: Sin principio ni fin.

EVANGELIO: Las buenas noticias de la salvación que vienen a través de Jesús.

FARISEO: Un líder judío centrado en seguir las reglas.

FE: Estar seguro sobre algo que no puedes ver, tocar o escuchar.

GLORIA: La demostración del poder, la belleza y perfección de Dios.

GOZO: Una alegría sobre Dios y su bondad.

GRACIA: Algo bueno que no se gana con trabajo ni se espera.

HONOR: Demostrar a alguien que es importante.

ÍDOLO: Cualquier cosa o persona que tratemos como más importante que Dios.

IGLESIA: Todas las personas que creen en Jesús.

JUSTICIA: Lo que es correcto y justo para todos.

LEY: Las reglas que Dios dio a Israel para hacer a los israelitas justos y amorosos.

MILAGRO: Algo que Dios hace para mostrar Su poder.

MISERICORDIA: Elegir no castigar a alguien que lo merece.

OBEDIENCIA: Hacer lo que Dios dice que haga.

OBRAS: Las cosas buenas que nosotros hacemos para agradar a Dios.

ORACIÓN: Una conversación con Dios.

ORGULLO: Pensar que eres mejor o más importante que los demás.

PACTO: Un acuerdo donde se hacen promesas.

PARÁBOLA: Una historia que enseña una verdad acerca de Dios.

PAZ: Un estado de vida sin temor o peleas.

PECADO: Una acción que Dios dice que está mal.

PERSEVERANCIA: El poder de seguir adelante, incluso cuando es difícil.

PROFECÍA: Un mensaje de Dios dicho por una persona.

RECONCILIACIÓN: El acto de reunir a dos personas cuya amistad está rota.

RECTITUD: Ser perfecto y estar siempre en lo correcto.

REDENCIÓN: El acto de comprar de nuevo.

RESURRECCIÓN: Regresar a la vida después de haber muerto.

SABAT: El día especial de descanso que Dios hizo.

SABIDURÍA: La capacidad de saber y hacer lo que Dios dice que es correcto.

SACRIFICIO: Alguna cosa a la que se renuncia y es ofrecida como regalo.

SALMO: Una canción o poema que es una oración a Dios.

SALVACIÓN: Es el rescate del pecado y tener una nueva vida con Dios.

SANTIFICACIÓN: El proceso de llegar a ser cada vez más santo.

SANTO: Puro y apartado.

SOBERANÍA: El poder y el derecho de Dios para gobernar todo.

TABERNÁCULO: Una hermosa tienda de campaña para que Dios viva en ella.

TENTACIÓN: El sentimiento de ser empujado a hacer algo malo.

TESTIGO: Alguien que ve u oye sobre algo y luego les cuenta a otros al respecto.

TRINIDAD: Dios Padre, Dios Hijo y Dios Espíritu Santo.

VOLUNTAD: Un plan o deseo de lo que debería suceder.